JN428240

해커스 중국어 첫걸음 단어장

학습을 위한 추가 혜택

FREE

교재 MP3

Daily 단어 퀴즈 (PDF)

이용방법 1

해커스중국어(china.Hackers.com) 접속 후 로그인 ▶
페이지 상단 [교재/MP3 → 교재 MP3/자료] 클릭 ▶
[기초/회화 - 중국어 첫걸음] 클릭 ▶ 본 교재 선택 후 이용하기

이용방법 2

[해커스 ONE] 어플 다운로드 ▶ 나의 관심학습과정 [중국어] 선택 ▶
[교재·MP3] 클릭 ▶ 본 교재 선택 후 이용하기

해커스ONE
어플 다운받기 ▶

중국어 첫걸음 단어 암기 영상

이용방법

해커스중국어(china.Hackers.com) 접속 후 로그인 ▶
페이지 상단 [무료 자료] → [무료강의] 클릭 ▶
[회화 - 중국어 첫걸음] 중국어 첫걸음 단어장 영상 클릭 후 이용하기

본 교재 인강 30% 할인쿠폰

45C4A63BA69868CA

* 쿠폰 유효기간: 쿠폰 등록 후 30일

이용방법 해커스중국어(china.Hackers.com) 접속 후 로그인 ▶ 나의강의실 ▶
내 쿠폰 확인하기 ▶ 쿠폰번호 등록

* 해당 쿠폰은 중국어 첫걸음 단어장 단과 강의 구매 시 사용 가능합니다.
* 본 쿠폰은 1회에 한해 등록 가능합니다.
* 이 외 쿠폰 관련 문의는 해커스중국어 고객센터(02-537-5000)로 연락 바랍니다.

쿠폰 등록하기 ▶

해커스

첫걸음 중국어 단어장

해커스

목차

4편
탄탄한 미래를 위해
- 커리어·재테크·건강

5편
주변 환경의 모든 것
- 자연·교통·문화

이 책의 구성과 특징

1 숨은그림찾기	본격적인 학습 전에 오늘 익힐 단어 5개를 찾으며 재미있게 워밍업할 수 있어요.
2 MP3	모든 단어와 예문에 대한 원어민 음성을 QR코드를 이용해 쉽게 들어볼 수 있어요.
3 발음	병음뿐만 아니라 성조가 표시된 한글 발음도 함께 제공하여 중국어를 처음 공부하는 학습자도 쉽게 발음할 수 있어요.
4 예문	일상 생활에서 자주 사용하는 표현을 활용한 예문을 수록해 단어 실력을 높이면서 회화 실력도 높일 수 있어요.
5 HSK 단어	HSK 필수단어가 *로 표시되어 있어 단어를 익히면 자연스럽게 HSK도 대비할 수 있어요.
6 팁	표제어와 관련된 실생활 표현을 함께 제시해 단어의 쓰임을 자연스럽게 확장하고, 실제 회화에서 바로 활용할 수 있어요

교재에 사용된 약호

명 명사 동 동사 형 형용사 부 부사 대 대사 양 양사 조 조사 성 성어 고유 고유명사

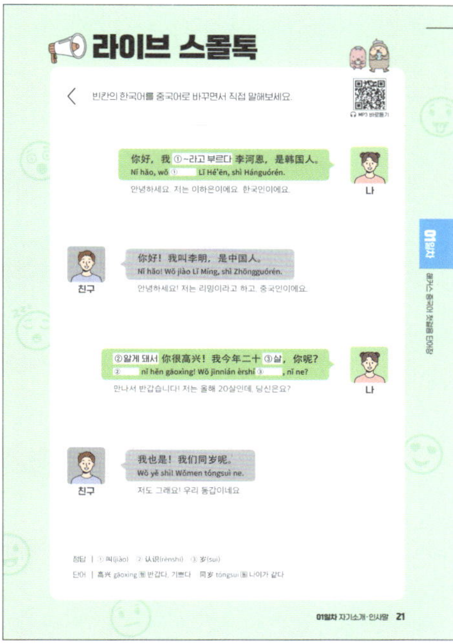
라이브 스몰톡

빈칸의 한국어를 중국어로 바꾸면서 직접 말해보세요.

MP3 바로듣기

你好，我 ①~라고 부르다 李河恩，是韩国人。
Nǐ hǎo, wǒ ① Lǐ Hé'ēn, shì Hánguórén.
안녕하세요. 저는 이하은이에요. 한국인이에요.
나

你好！我叫李明，是中国人。
Nǐ hǎo! Wǒ jiào Lǐ Míng, shì Zhōngguórén.
안녕하세요! 저는 리밍이라고 하고, 중국인이에요.
친구

②알게 돼서 你很高兴！我今年二十 ③살，你呢？
② nǐ hěn gāoxìng! Wǒ jīnnián èrshí ③ , nǐ ne?
만나서 반갑습니다! 저는 올해 20살인데, 당신은요?
나

我也是！我们同岁呢。
Wǒ yě shì! Wǒmen tóngsuì ne.
저도 그래요! 우리 동갑이네요.
친구

정답 | ① 叫(jiào) ② 认识(rènshi) ③ 岁(suì)
단어 | 高兴 gāoxìng 형 반갑다, 기쁘다 同岁 tóngsuì 동 나이가 같다

01일차 해커스 중국어 첫걸음 단어장

01일차 자기소개·인사말 21

라이브 스몰톡

오늘 배운 단어들로 구성한 회화를 통해, 단어를 실제 대화 흐름 속에서 바로 말해보고 회화 감각도 함께 높일 수 있어요.

학습 효과를 더욱 높이는 추가 자료

단어 자동 암기 영상

단어가 먼저 나오고 잠시 후 뜻이 나오는 유튜브 암기 영상으로, 틀어 놓기만 해도 교재에 수록된 모든 단어의 뜻을 암기할 수 있어요.

※ 해커스중국어 유튜브 채널에서 확인할 수 있어요.

Daily 단어 퀴즈 PDF

문제에 해당하는 중국어 단어 또는 우리말 뜻을 찾아보는 퀴즈로, 매일 단어 학습이 끝난 후 제대로 암기했는지 체크해볼 수 있어요.

※ 해커스중국어 사이트(china.Hackers.com)에서 확인할 수 있어요.

중국어 발음 익히기

MP3 바로듣기 ▶

01 성모

성모는 우리말의 자음에 해당하며, 총 21개예요. 성모는 단독으로 발음할 수 없기 때문에, 괄호 안의 운모를 붙여 발음해요. 음원을 들으며 따라 말해보세요.

성모			
b(o) 뽀어	p(o) 포어	m(o) 모어	f(o) 포어
d(e) 뜨어	t(e) 트어	n(e) 느어	l(e) 르어
g(e) 끄어	k(e) 크어	h(e) 흐어	
j(i) 찌	q(i) 치	x(i) 씨	
z(i) 쯔	c(i) 츠	s(i) 쓰	
zh(i) 쯜	ch(i) 츨	sh(i) 쓸	r(i) 릉

02 운모

운모는 우리말의 모음에 해당해요. 운모는 단운모 6개와, 운모와 운모가 결합된 결합운모 30개가 있으며, 총 36개예요. 괄호 안의 발음은 성모 없이 운모만 단독으로 쓰일 때의 발음이에요. 음원을 들으며 따라 말해보세요.

단운모	결합운모			
a 아	ao 아오	ai 아이	an 아안	ang 아앙
o 오어	ou 어우	ong 오옹		
e 으어	ei 에이	en 으언	eng 으엉	er 으얼
i 이	ia(ya) 이아(야)	ian(yan) 이엔(옌)	iang(yang) 이앙(양)	iao(yao) 이아오(야오)
	in(yin) 이인(인)	ing(ying) 이잉(잉)		
	iou(you)[1] 이어우(여우)	iong(yong) 이옹(용)	ie(ye) 이에(예)	
u 우	ua(wa) 우아(와)	uan(wan) 우안(완)	uang(wang) 우앙(왕)	uai(wai) 우아이(와이)
	uen(wen) 우언(원)	ueng(weng) 우엉(웡)	uei(wei) 우에이(웨이)	uo(wo) 우어(워)
ü[2] 위	üe(yue) 위에	üan(yuan) 위엔	ün(yun) 윈	

① iou, uen, uei는 성모와 결합하면 iu, un, ui로 표기해요.
② ü는 yu로 표기할 때와 성모 j, q, x 뒤에 올 때는 점 두 개를 떼고 u로 표기해요.

03 성조

성조는 중국어 글자마다 가지고 있는 고유의 음이에요. 성모와 운모가 결합한 병음에 성조를 표시함으로써 비로소 의미를 갖는 중국어 단어가 완성되고, 그래서 병음이 같아도 성조가 다르면 전혀 다른 의미의 단어가 돼요. 성조에는 1성, 2성, 3성, 4성, 경성이 있는데 1성부터 4성까지는 운모 위에 표시하고 경성은 아무런 표시를 하지 않아요.

성조		설명 및 예
1성		1성은 높고 길게 끌어줘야 해요. 끝까지 음높이를 유지해요. mā 마 妈 엄마 / bā 빠 八 8, 여덟 / zhē 쯔어 遮 가리다
2성		2성은 중저음에서 시작하여 높은음으로 쭉 끌어올려요. má 마 麻 얼얼하다 / bá 빠 拔 뽑다 / zhé 쯔어 折 접다
3성		3성은 중저음에서 음을 최대한 아래로 내렸다가 가볍게 위로 올려요. mǎ 마 马 (동물) 말 / bǎ 빠 把 ~을/를 / zhě 쯔어 者 ~한 사람
4성		4성은 높은음에서 낮은음까지 쭉 끌어내려요. mà 마 骂 꾸짖다 / bà 빠 爸 아빠 / zhè 쯔어 这 이것
경성		경성은 특별한 음높이 없이 짧고 가볍게 발음해요. ma 마 吗 ~입니까? / ba 빠 吧 ~합시다 / zhe 쯔어 着 ~하고 있다

04 성조의 변화

중국어에는 뒤에 나오는 글자의 성조에 따라 본래의 성조가 변하는 경우가 있어요. 이를 성조 변화라고 하며, 크게 3가지 경우가 있어요.

3성의 성조 변화	3성 바로 뒤에 3성이 오면 앞의 3성을 2성으로 읽어요. 이렇게 성조가 바뀌는 이유는 좀 더 쉽게 발음하기 위해서예요. 3성의 성조 변화는 바뀐 성조로 표기하지 않고, '3성+3성'을 그대로 표기해요. **biǎoyǎn** 비아오옌 表演 공연하다 **yǎnjiǎng** 옌찌앙 演讲 강의 **yǔsǎn** 위싸안 雨伞 우산 **wǔdǎo** 우다오 舞蹈 춤, 무용
不(bù)의 성조 변화	不 바로 뒤에 1,2,3성이 오면 不를 원래 성조인 4성(bù) 그대로 읽어요. 그러나 不 뒤에 4성이 오면 不는 2성(bú)으로 변해요. 4성을 두 번 연속 발음하면 힘들기 때문이에요. **bú kàn** 뿌 카안 不看 보지 않는다 **bú duì** 뿌 뚜에이 不对 맞지 않다 **bú zuò** 뿌 쭈어 不做 하지 않는다 **bú qù** 뿌 취 不去 가지 않는다
一(yī)의 성조 변화	一는 원래 1성(yī)이지만, 一 바로 뒤에 1,2,3성이 오면 4성(yì)으로 변하고, 4성이 오면 2성(yí)으로 변해요. 一는 개수를 셀 때가 아닌, 숫자 '1' 자체를 말할 때만 원래 성조인 1성으로 읽어요. **yì duī** 이 뚜에이 一堆 한 더미 **yì tái** 이 타이 一台 (기계) 한 대 **yì běn** 이 뻐언 一本 한 권 **yí liàng** 이 리앙 一辆 (자동차) 한 대

1편

나는 이런 사람이야

– 인사 · 소개

01 일차

자기소개·인사말

MP3 바로듣기

숨은그림찾기

오늘 배울 단어 5개를 찾아보세요.

韩国人	手机号	不好意思	晚安	祝
한국인	휴대폰 번호	죄송합니다	잘 자요	축하하다

정답확인

* = HSK 필수단어

01

叫 *

jiào
찌아오

(동) (이름이) ~라고 하다

我叫李河恩。
Wǒ jiào Lǐ Hé'ēn.
워 찌아오 리 흐어으언.

저는 이하은이라고 해요.

02

名字 *

míngzi
미잉쯔

(명) 이름

你叫什么名字?
Nǐ jiào shénme míngzi?
니 찌아오 쓰언므어 미잉쯔?

당신의 이름은 무엇인가요?

03

姓 *

xìng
씨잉

(동) 성이 ~이다 (명) 성(씨)

你姓什么?
Nǐ xìng shénme?
니 씨잉 쓰언므어?

당신의 성은 무엇인가요?

TIP
만약 윗사람 또는 비즈니스 파트너의 성을 물어야 할 때는 더 공손한 표현인 **您贵姓?**(Nín guìxìng? 귀하의 성은 어떻게 되나요?)을 써서 말해보세요.

04

手机号

shǒujī hào
쎠우찌 하오

(명) 휴대폰 번호

这是我的手机号。
Zhè shì wǒ de shǒujī hào.
쯔어 쓸 워 떠 쎠우찌 하오.

이것은 제 휴대폰 번호예요.

05

学生 *

xuésheng
쒸에쓰엉

명 학생

他是我们学校新来的**学生**。

Tā shì wǒmen xuéxiào xīn lái de xuésheng.
타 쓸 워므언 쒸에씨아오 씨인 라이 떠 쒸에쓰엉.

그는 우리 학교에 새로 온 **학생**이에요.

06

上班族

shàngbānzú
쌰앙빠안쭈

명 회사원, 직장인

我是一名普通的**上班族**。

Wǒ shì yì míng pǔtōng de shàngbānzú.
워 쓸 이 미잉 푸토옹 떠 쌰앙빠안쭈.

저는 평범한 **회사원**이에요.

TIP

上班族는 일상 대화에서 '회사원'을 가볍게 말할 때 쓰고 비자 신청, 은행 업무 등 서류의 직업란을 채울 때는 **公司职员**(gōngsī zhíyuán)을 쓰는 것이 더 적절해요.

07

韩国人

Hánguórén
하안꾸어르언

명 한국인

我是**韩国人**，现在在中国工作。

Wǒ shì Hánguórén, xiànzài zài Zhōngguó gōngzuò.
워 쓸 하안꾸어르언, 씨엔짜이 짜이 쬬옹꾸어 꼬옹쭈어.

저는 **한국인**이고, 지금은 중국에서 일해요.

08

来自 *

láizì
라이쯔

동 ~에서 오다

我**来自**韩国首尔。

Wǒ láizì Hánguó Shǒu'ěr.
워 라이쯔 하안꾸어 쎠우으얼.

저는 한국 서울**에서 왔어요**.

09
家乡 *

jiāxiāng
찌아씨앙

명 고향

我的家乡是釜山。
Wǒ de jiāxiāng shì Fǔshān.
워 떠 찌아씨앙 쓸 푸싸안.

제 고향은 부산이에요.

10
年龄 *

niánlíng
니엔리잉

명 나이, 연령

我们年龄差不多。
Wǒmen niánlíng chàbuduō.
워먼 니엔링 차뿌뚜어.

우리는 나이가 비슷해요.

11
岁 *

suì
쑤에이

명 살, 세

我今年二十一岁。
Wǒ jīnnián èrshíyī suì.
워 찌인니엔 으얼쓸이 쑤에이.

저는 올해 스물한 살이에요.

12
00后

líng líng hòu
리잉 리잉 허우

2000년대생

TIP
90년대생은 90后(jiǔ líng hòu), 80년대생은 80后(bā líng hòu)라고 말하면 돼요.

我是00后，今年16岁。
Wǒ shì líng líng hòu, jīnnián shíliù suì.
워 쓸 리잉 리잉 허우, 찌인니엔 쓸리여우 쑤에이.

저는 2000년대생이에요, 올해 16살이에요.

13
自我介绍

zìwǒ jièshào
쯔워 찌에쌰오

자기소개를 하다

现在大家互相做一下**自我介绍**吧。
Xiànzài dàjiā hùxiāng zuò yíxià zìwǒ jièshào ba.
씨엔짜이 따찌아 후씨앙 쭈어 이씨아 쯔워 찌에쌰오 빠.

이제 서로 **자기소개**해봅시다.

14
打招呼 *

dǎ zhāohu
따 쨔오후

인사하다

他看到我，高兴地**打**了**招呼**。
Tā kàndào wǒ, gāoxìng de dǎle zhāohu.
타 칸따오 워, 까오씨잉 떠 따러 쨔오후.

그가 나를 보고, 반갑게 **인사를 했어요**.

15
大家好

dàjiā hǎo
따찌아 하오

여러분 안녕하세요

大家好，我是河恩的朋友。
Dàjiā hǎo, wǒ shì Hé'ēn de péngyou.
따찌아 하오, 워 쓸 흐어으언 떠 프엉여우.

여러분 안녕하세요. 저는 하은이의 친구예요.

16
认识 *

rènshi
르언쓸

동 (사람을) 알다, 인식하다

认识你很高兴。
Rènshi nǐ hěn gāoxìng.
르언쓸 니 흐언 까오씨잉.

당신을 **알게** 되어 기뻐요. (만나서 반가워요.)

TIP
认识은 주로 '나 그 사람 알아.'와 같이 사람을 아는 것을 나타낼 때 사용해요. 그래서 认识你很高兴은 '(모르던 사이에서 이제 알게 됐으니) 만나서 반갑다'라는 뜻이에요.

17
关照 *
guānzhào
꾸안짜오

동 보살피다, 배려하다

我第一次来中国，请多多关照。
Wǒ dìyī cì lái Zhōngguó, qǐng duōduō guānzhào.
워 띠이 츠 라이 쫑꾸어, 치잉 뚜어뚜어 꾸안짜오.

저는 처음 중국에 왔어요. 많이 보살펴 주세요. (잘 부탁드려요.)

18
喂 *
wéi
웨이

여보세요

喂，您是王老师吗？
Wéi, nín shì Wáng lǎoshī ma?
웨이, 니인 쓸 왕 라오쓸 마?

여보세요. 왕 선생님이신가요?

TIP
喂를 4성으로 발음하면 사람을 부를 때 쓰는 "야"라는 뜻이 돼요.

19
过 *
guò
꾸어

동 지내다, 보내다

你最近过得怎么样？
Nǐ zuìjìn guò de zěnmeyàng?
니 쭈에이찌인 꾸어 떠 쯔언므어양?

최근에 어떻게 지내세요?

20
好久不见
hǎojiǔ bú jiàn
하오찌어우 뿌 찌엔

오랜만이에요

好久不见，你过得好吗？
Hǎojiǔ bú jiàn, nǐ guò de hǎo ma?
하오찌어우 뿌 찌엔, 니 꾸어 떠 하오 마?

오랜만이에요. 잘 지내세요?

21
不好意思*

bùhǎoyìsi
뿌하오이쓰

죄송합니다, 실례합니다

不好意思，能再说一遍吗?
Bùhǎoyìsi, néng zài shuō yí biàn ma?
뿌하오이쓰, 느엉 짜이 쑤어 이 삐엔 마?

죄송하지만, 다시 한 번 말해주실 수 있어요?

TIP
不好意思는 사과할 때도 쓰이지만 보통 상대방을 번거롭게 할 때 양해를 구하는 인사로 자주 쓰여요. 만약 상대방에게 피해를 입혀 진심 어린 사과를 해야 할 때는 对不起(duìbuqǐ, 죄송합니다)라고 하면 돼요.

22
没事*

méishì
메이쓸

괜찮아요, 상관없어요

没事，我再说一遍。
Méishì, Wǒ zài shuō yí biàn.
메이쓸, 워 짜이 쑤어 이 삐엔.

괜찮아요. 다시 한 번 말해줄게요.

23
再见*

zàijiàn
짜이찌엔

다시 만나요, 잘가요

那我先走了，大家再见!
Nà wǒ xiān zǒu le, dàjiā zàijiàn!
나 워 씨엔 쩌우 러, 따찌아 짜이찌엔!

그럼 저 먼저 갈게요. 모두들 다시 만나요!

TIP
친구 사이에서는 가볍게 拜拜(baibai)를 자주 써요. 拜拜는 영어 Bye-bye의 발음을 중국어로 옮긴 말이에요.

24
明天见

míngtiān jiàn
미잉티엔 찌엔

내일 만나요

他笑着对我说明天见。
Tā xiàozhe duì wǒ shuō míngtiān jiàn.
타 씨아오쪄 뚜에이 워 쑤어 미잉티엔 찌엔.

그는 웃으며 제게 내일 만나자고 했어요.

25
慢走

màn zǒu
마안 쩌우

조심히 가세요, 살펴 가세요

时间不早了，请**慢走**。
Shíjiān bù zǎo le, qǐng màn zǒu.
쓸찌엔 뿌 짜오 러, 치잉 마안 쩌우.

시간이 늦었네요, **조심히 가세요**.

26
晚安 *

wǎn'ān
완아안

잘 자요, 좋은 밤 되세요

晚安，明天见！
Wǎn'ān, míngtiān jiàn!
완아안, 미잉티엔 찌엔!

잘 자요. 내일 봐요!

27
请问 *

qǐng wèn
치잉 원

실례합니다, 말씀 좀 묻겠습니다

请问，我可以坐这里吗？
Qǐng wèn, wǒ kěyǐ zuò zhèli ma?
치잉 원, 워 크어이 쭈어 쯔어리 마?

실례지만, 여기 앉아도 되나요?

28
麻烦 *

máfan
마ⓕ안

동 번거롭게 하다 형 번거롭다, 귀찮다

麻烦你帮我一下。
Máfan nǐ bāng wǒ yíxià.
마ⓕ안 니 빠앙 워 이씨아.

번거로우시겠지만 저를 좀 드와주세요.

29
辛苦了
xīnkǔ le
씨인쿠 러

수고했어요

今天的活动就到这里，大家**辛苦了**。
Jīntiān de huódòng jiù dào zhèli, dàjiā xīnkǔ le.
찌인티엔 떠 후어또옹 찌어우 따오 쯔어리, 따찌아 씨인쿠 러.

오늘 활동은 여기까지입니다. 여러분 **수고했어요**.

30
恭喜 *
gōngxǐ
꼬옹씨

동 축하하다

TIP
恭喜는 恭喜恭喜와 같이 반복해서 말하기도 해요. 축하의 의미를 더 강조할 수 있어요.

恭喜恭喜!
Gōngxǐ gōngxǐ!
꼬옹씨 꼬옹씨!

정말 **축하해요**!

31
祝 *
zhù
쮸

동 바라다, 축하하다

TIP
상대방의 행복을 빌거나 상대방을 축하할 때 문장 맨 앞에 祝를 붙여 강조할 수 있어요. 祝는 단독으로 쓸 수 없어요.

祝你生日快乐!
Zhù nǐ shēngrì kuàilè!
쮸 니 쓰엉르 쿠아이르어!

당신의 생일이 행복하길 **바라요**! (생일 축하해요!)

32
心意 *
xīnyì
씨인이

명 성의, 마음

这是我的小小**心意**。
Zhè shì wǒ de xiǎoxiǎo xīnyì.
쯔어 쓸 워 떠 씨아오씨아오 씨인이.

이건 제 작은 **성의**예요.

라이브 스몰톡

빈칸의 한국어를 중국어로 바꾸면서 직접 말해보세요.

MP3 바로듣기

나

你好，我 ①~라고 부르다 李河恩，是韩国人。
Nǐ hǎo, wǒ ① ______ Lǐ Hé'ēn, shì Hánguórén.
안녕하세요. 저는 이하은이에요. 한국인이에요.

친구

你好！我叫李明，是中国人。
Nǐ hǎo! Wǒ jiào Lǐ Míng, shì Zhōngguórén.
안녕하세요! 저는 리밍이라고 하고, 중국인이에요.

나

②알게 돼서 你很高兴！我今年二十 ③살，你呢？
② ______ nǐ hěn gāoxìng! Wǒ jīnnián èrshí ③ ______, nǐ ne?
만나서 반갑습니다! 저는 올해 20살인데, 당신은요?

친구

我也是！我们同岁呢。
Wǒ yě shì! Wǒmen tóngsuì ne.
저도 그래요! 우리 동갑이네요.

정답 | ① 叫(jiào) ② 认识(rènshi) ③ 岁(suì)

단어 | 高兴 gāoxìng 형 반갑다, 기쁘다 同岁 tóngsuì 동 나이가 같다

MP3 바로듣기

02 일차 가족·관계

숨은그림찾기 오늘 배울 단어 5개를 찾아보세요.

家人	奶奶	丈夫	女儿	情侣
가족	할머니	남편	딸	커플, 연인

정답확인

01
家人 *
jiārén
찌아르언

명 가족

我和家人一起去旅行了。
Wǒ hé jiārén yìqǐ qù lǚxíng le.
워 흐어 찌아르언 이치 취 뤼씨잉 러.

저는 가족과 함께 여행을 갔어요.

02
夫妻 *
fūqī
푸치

명 부부

这对夫妻结婚已经十年了。
Zhè duì fūqī jiéhūn yǐjīng shí nián le.
쯔어 뚜에이 푸치 찌에후언 이찌잉 쓸 니엔 러.

이 부부는 결혼한 지 벌써 10년이 됐어요.

03
丈夫 *
zhàngfu
짱앙푸

명 남편

她丈夫是医生。
Tā zhàngfu shì yīshēng.
타 짱앙푸 쓸 이쓰엉.

그녀의 남편은 의사예요.

04
妻子 *
qīzi
치쯔

명 아내

我妻子今天加班，很晚才回家。
Wǒ qīzi jīntiān jiābān, hěn wǎn cái huíjiā.
워 치쯔 찌인티엔 찌아빠안, 흐언 완 차이 후에이찌아.

제 아내가 오늘 야근해서, 늦게 집에 돌아왔어요.

TIP

妈妈와 같이 동일한 글자가 두 번 반복되면 두 번째 글자는 경성으로 가볍게 읽어요.

05

妈妈 *

māma

마마

명 엄마

妈妈，我回来了！

Māma, wǒ huílai le!

마마, 워 후에이라이 러!

엄마, 저 왔어요!

06

爸爸 *

bàba

빠바

명 아빠

我爸爸是老师。

Wǒ bàba shì lǎoshī.

워 빠바 쓰 라오쓰.

우리 아빠는 선생님이에요.

07

奶奶 *

nǎinai

나이나이

명 할머니

我奶奶今年八十岁了。

Wǒ nǎinai jīnnián bāshí suì le.

워 나이나이 찐니엔 빠쓰 쑤에이 러.

저희 할머니는 올해 80살이에요.

08

爷爷 *

yéye

예예

명 할아버지

爷爷还很健康。

Yéye hái hěn jiànkāng.

예예 하이 흐언 찌엔캉.

할아버지는 아직 건강하세요.

* = HSK 필수단어

09

哥哥 *

gēge

끄어끄어

명 형, 오빠

我有一个哥哥。

Wǒ yǒu yí ge gēge.

워 여우 이 끄어 끄어끄어.

저는 형이 한 명 있어요.

10

姐姐 *

jiějie

찌에찌에

명 언니, 누나

这是我姐姐的。

Zhè shì wǒ jiějie de.

쯔어 쓸 워 찌에찌에 떠.

이건 우리 언니 거예요.

11

弟弟 *

dìdi

띠띠

명 남동생

弟弟比我小两岁。

Dìdi bǐ wǒ xiǎo liǎng suì.

띠띠 삐 워 씨아오 리앙 쑤에이.

남동생은 저보다 두 살 어려요.

12

妹妹 *

mèimei

메이메이

명 여동생

我妹妹很可爱。

Wǒ mèimei hěn kě'ài.

워 메이메이 흐언 크어아이.

제 여동생은 귀여워요.

13
儿子 *
érzi
으얼쯔

명 아들

我儿子今年五岁。
Wǒ érzi jīnnián wǔ suì.
워 으얼쯔 찌인니엔 우 쑤에이.

제 아들은 올해 다섯 살이에요.

14
女儿 *
nǚ'ér
뉘으얼

명 딸

女儿很像爸爸。
Nǚ'ér hěn xiàng bàba.
뉘으얼 흐언 씨앙 빠바.

딸이 아빠를 매우 닮았어요.

15
兄弟 *
xiōngdì
씨옹띠

명 형제

我们是兄弟。
Wǒmen shì xiōngdì.
워므언 쓰 씨옹띠.

우리는 형제예요.

16
姐妹 *
jiěmèi
찌에메이

명 자매

这对姐妹关系很好。
Zhè duì jiěmèi guānxi hěn hǎo.
쯔어 뚜에이 찌에메이 꾸안씨 흐언 하오.

이 자매는 사이가 좋아요.

TIP
'남매'의 경우, 오빠와 여동생은 **兄妹**(xiōngmèi), 누나와 남동생은 **姐弟**(jiědì)라고 해요.

17
独生子
dúshēngzǐ
뚜쓰엉쯔

명 외동아들

你们都是独生子吗?
Nǐmen dōu shì dúshēngzǐ ma?
니므언 떠우 쓸 뚜쓰엉쯔 마?

당신들은 모두 외동아들이에요?

18
独生女
dúshēngnǚ
뚜쓰엉뉘

명 외동딸

她是独生女，没有兄弟姐妹。
Tā shì dúshēngnǚ, méiyǒu xiōngdì jiěmèi.
타 쓸 뚜쓰엉뉘, 메이여우 씨옹띠 찌에 메이.

그녀는 외동딸이라, 형제자매가 없어요.

19
老大 *
lǎodà
라오따

명 첫째, 맏이

我姐姐是老大，我是老二。
Wǒ jiějie shì lǎodà, wǒ shì lǎo'èr.
워 찌에찌에 쓸 라오따, 워 쓸 라오으얼.

우리 언니는 첫째이고, 저는 둘째예요.

20
老幺
lǎoyāo
라오야오

명 막내

我是家里的老幺。
Wǒ shì jiā li de lǎoyāo.
워 쓸 찌아 리 떠 라오야오.

저는 집에서 막내예요.

21
阿姨*
āyí
아이

명 이모, 아주머니

> TIP
> 阿姨는 이모를 부를 때나 엄마와 나이가 비슷한 여성을 부를 때 모두 사용할 수 있어요.

我今天要去阿姨家吃饭。
Wǒ jīntiān yào qù āyí jiā chīfàn.
워 찌인티엔 야오 취 아이 찌아 츠ⓕ아안.

저는 오늘 이모 집에 가서 밥 먹을 거예요.

22
舅舅*
jiùjiu
찌어우찌어우

명 외삼촌

我舅舅今年结婚了。
Wǒ jiùjiu jīnnián jiéhūn le.
워 찌어우찌어우 찌인니엔 찌에후언 러.

우리 외삼촌은 올해 결혼했어요.

23
叔叔*
shūshu
쓔쓔

명 삼촌, 아저씨

> TIP
> 叔叔는 삼촌을 부를 때나 아빠와 나이가 비슷한 남성을 부를 때 모두 사용할 수 있어요.

他是我的叔叔，我爸爸的弟弟。
Tā shì wǒ de shūshu, wǒ bàba de dìdi.
타 쓸 워 떠 쓔쓔, 워 빠바 떠 띠디.

그는 제 삼촌이고, 저희 아빠의 남동생이에요.

24
姑姑*
gūgu
꾸꾸

명 고모

我姑姑住在北京。
Wǒ gūgu zhùzài Běijīng.
워 꾸꾸 쮸짜이 뻬이찌잉.

우리 고모는 베이징에 살아요.

25
亲戚*

qīnqi
치인치

명 친척

我经常跟亲戚联系。
Wǒ jīngcháng gēn qīnqi liánxì.
워 찌잉챵 끄언 치인치 리엔씨.

저는 친척들과 자주 연락해요.

26
同事*

tóngshì
토옹쓸

명 동료

我和同事一起吃饭。
Wǒ hé tóngshì yìqǐ chīfàn.
워 흐어 토옹쓸 이치 츨ⓕ안.

저는 동료와 함께 밥을 먹어요.

27
家长*

jiāzhǎng
찌아쨩앙

명 학부모

明天有家长会，你别忘记。
Míngtiān yǒu jiāzhǎnghuì, nǐ bié wàngjì.
미잉티엔 여우 찌아쨩앙후에이, 니 삐에 왕찌.

내일 학부모 회의가 있어요, 잊지 마세요.

28
同学*

tóngxué
토옹쒸에

명 동창, 학교 친구

我们是大学同学。
Wǒmen shì dàxué tóngxué.
워므언 쓸 따쒸에 토옹쒸에.

저희는 대학교 동창이에요.

29
朋友 *
péngyou
프엉여우

명 친구

我有很多好朋友。
Wǒ yǒu hěn duō hǎo péngyou.
워 여우 흐언 뚜어 하오 프엉여우.

저는 친한 친구가 많아요.

30
情侣 *
qínglǚ
치잉뤼

명 커플, 연인

那对情侣很般配。
Nà duì qínglǚ hěn bānpèi.
나 뚜에이 치잉뤼 흐언 빠안페이.

저 커플 매우 잘 어울려요.

31
男朋友 *
nánpéngyou
나안프엉여우

명 남자 친구

她男朋友很帅。
Tā nánpéngyou hěn shuài.
타 나안프엉여우 흐언 쓔아이.

그녀의 남자 친구는 잘생겼어요.

32
女朋友 *
nǚpéngyou
뉘프엉여우

명 여자 친구

我没有女朋友。
Wǒ méiyǒu nǚpéngyou.
워 메이여우 뉘프엉여우.

저는 여자 친구가 없어요.

라이브 스몰톡

빈칸의 한국어를 중국어로 바꾸면서 직접 말해보세요.

MP3 바로듣기

[사진을 보면서]

동료

这个人是你男朋友吗?
Zhège rén shì nǐ nánpéngyou ma?
이 사람은 당신의 남자 친구예요?

나

不是，他是我的 ①남동생。
Bú shì, tā shì wǒ de ①_____.
아니요. 그는 제 남동생이에요.

동료

哦，我以为你是独生女。
Ò, wǒ yǐwéi nǐ shì dúshēngnǚ.
오, 저는 당신이 외동딸인 줄 알았어요

나

我还有一个 ②여동생 呢，我是 ③첫째。
Wǒ hái yǒu yíge ②_____ ne, Wǒ shì ③_____.
저는 여동생도 한 명 더 있는걸요. 저는 첫째예요.

정답 | ① 弟弟(dìdi) ② 妹妹(mèimei) ③ 老大(lǎodà)

단어 | 以为 yǐwéi 동 ~인 줄 알다

03 일차

성격

MP3 바로듣기

숨은그림찾기

오늘 배울 단어 5개를 찾아보세요.

聪明	善良	热情	强	悲观
똑똑하다	착하다	친절하다	강하다	비관적이다

정답확인

01
性格 *
xìnggé
씨잉끄어

명 성격

我们性格完全不一样。
Wǒmen xìnggé wánquán bù yíyàng.
워므언 씨잉끄어 완취엔 뿌 이양.

우리는 성격이 완전히 달라요.

02
个性 *
gèxìng
끄어씨잉

명 개성

每个人都有不同的个性。
Měi ge rén dōu yǒu bùtóng de gèxìng.
메이 끄어 르언 떠우 여우 뿌토옹 떠 끄어씨잉.

사람마다 모두 다른 개성이 있어요.

03
善良 *
shànliáng
썬안리앙

형 착하다

她是一个善良的人。
Tā shì yí ge shànliáng de rén.
타 쓸 이 끄어 썬안리앙 떠 르언.

그녀는 착한 사람이에요.

04
幽默 *
yōumò
여우모어

형 유머러스하다

TIP
'유머 감각'은 幽默感(yōumògǎn)이라고 해요.

我朋友非常幽默，所以大家都喜欢他。
Wǒ péngyou fēicháng yōumò, suǒyǐ dàjiā dōu xǐhuan tā.
워 프엉여우 f에이챵 여우모어, 쑤오 이 따찌아 떠우 씨후안 타.

내 친구는 아주 유머러스해서, 모두들 그를 좋아해요.

05
体贴 *
tǐtiē
티티에

동 자상하다, 배려하다

他是个**体贴**的朋友。
Tā shì ge tǐtiē de péngyou.
타 쓸 끄어 티티에 떠 프엉여우.

그는 **자상한** 친구예요.

06
活泼 *
huópō
후어포어

형 활발하다

我的性格很**活泼**。
Wǒ de xìnggé hěn huópō.
워 떠 씨잉끄어 흐언 후어포어.

제 성격은 **활발해요**.

07
亲切 *
qīnqiè
치인치에

형 친근하다, 친절하다

她说话很**亲切**。
Tā shuōhuà hěn qīnqiè.
타 쓔어후아 흐언 치인치에.

그녀는 말투가 **친근해요**.

08
热情 *
rèqíng
르어치잉

형 친절하다, 열정적이다

这里的服务员很**热情**。
Zhèli de fúwùyuán hěn rèqíng.
쯔어리 떠 푸우위엔 흐언 르어치잉.

여기 종업원은 **친절해요**.

TIP

亲切는 말이나 태도가 부드럽고 다정한 느낌을 줄 때 쓰고, 热情은 상대에게 밝고 적극적으로 대하는 태도를 나타낼 때 써요.

* = HSK 필수단어

09
积极 *
jījí
찌찌

형 적극적이다

小李是一个积极向上的人。
Xiǎo Lǐ shì yí ge jījí xiàngshàng de rén.
씨아오 리 쓸 이 끄어 찌찌 씨앙쌰앙 뜨어 르언.

샤오리는 적극적이고 진취적인 사람이에요.

10
消极 *
xiāojí
씨아오찌

형 소극적이다

他最近很消极。
Tā zuìjìn hěn xiāojí.
타 쭈에이찌인 흐언 씨아오찌.

그는 최근 들어 매우 소극적이에요.

11
乐观 *
lèguān
르어꾸안

형 낙관적이다

乐观的心态很重要。
Lèguān de xīntài hěn zhòngyào.
르어꾸안 뜨어 씨인타이 흐언 쪼옹야오

낙관적인 마음가짐이 중요해요.

12
悲观 *
bēiguān
뻬이꾸안

형 비관적이다

不要太悲观了。
Bú yào tài bēiguān le.
뿌 야오 타이 뻬이꾸안 러.

너무 비관적일 필요 없어요.

13
外向 *

wàixiàng
와이씨앙

형 외향적이다

我越来越外向了。
Wǒ yuèláiyuè wàixiàng le.
워 위에라이위에 와이씨앙 러.

저는 점점 외향적이게 됐어요.

14
内向 *

nèixiàng
네이씨앙

형 내성적이다

我弟弟小时候很内向。
Wǒ dìdi xiǎoshíhou hěn nèixiàng.
워 띠띠 씨아오쓸허우 흐언 네이씨앙.

제 남동생은 어릴 때 내성적이었어요.

15
认真 *

rènzhēn
르언쯔언

형 성실하다, 진지하다, 열심히 하다

他工作态度很认真。
Tā gōngzuò tàidu hěn rènzhēn.
타 꼬옹쭈어 타이뚜 흐언 르언쯔언.

그는 업무 태도가 성실해요.

16
耐心 *

nàixīn
나이씨인

명 참을성, 인내심 형 참을성이 있다

他的优点是很有耐心。
Tā de yōudiǎn shì hěn yǒu nàixīn.
타 떠 여우띠엔 쓸 흐언 여우 나이씨인.

그의 장점은 참을성이 있다는 거예요.

17
责任心
zérènxīn
쯔어르언씨인

명 책임감

工作需要有责任心。
Gōngzuò xūyào yǒu zérènxīn.
꼬옹쭈어 쒸야오 여우 쯔어르언씨인.

일할 때는 책임감이 있어야 하요.

18
强 *
qiáng
치앙

형 강하다, 뛰어나다

她的责任心很强。
Tā de zérènxīn hěn qiáng.
타 떠 쯔어르언씨인 흐언 치앙.

그녀의 책임감은 강해요.

19
可靠 *
kěkào
크어카오

형 믿음직스럽다

他做事很可靠，我们都信任他。
Tā zuò shì hěn kěkào, wǒmen dōu xìnrèn tā.
타 쭈어 쓸 흐언 크어카오, 워므언 떠으 씨인르언 타.

그는 일하는 것이 믿음직스러워서, 우리는 모두 그를 신뢰해요.

20
谦虚 *
qiānxū
치엔쒸

형 겸손하다

你太谦虚了，其实你真的很厉害。
Nǐ tài qiānxū le, qíshí nǐ zhēn de hěn lìhai.
니 타이 치엔쒸 러, 치쓸 니 쩐언 떠 흐언 리하이.

당신은 너무 겸손해요, 사실 당신은 정말 대단해요.

21
勇敢 *
yǒnggǎn
용까안

형 용감하다

我想变得更**勇敢**。
Wǒ xiǎng biàn de gèng yǒnggǎn.
워 씨앙 삐엔 떠 끄엉 용까안.

저는 더 **용감해지고** 싶어요.

22
独特 *
dútè
뚜트어

형 독특하다

她总是有**独特**的想法。
Tā zǒngshì yǒu dútè de xiǎngfǎ.
타 쪼옹쓸 여우 뚜트어 떠 씨앙ⓕ아.

그녀는 항상 **독특한** 생각을 가지고 있어요.

23
勤奋 *
qínfèn
치인ⓕ언

형 부지런하다

我学习很**勤奋**。
Wǒ xuéxí hěn qínfèn.
워 쒸에씨 흐언 치인ⓕ언.

저는 공부를 **부지런히** 해요.

24
懒惰 *
lǎnduò
라안뚜어

형 게으르다

懒惰的人不会成功。
Lǎnduò de rén bú huì chénggōng.
라안뚜어 떠 르언 뿌 후에이 츠엉꼬옹.

게으른 사람은 성공하지 못할 거예요.

25
自私 *
zìsī
쯔쓰

형 이기적이다

自私的行为会伤害别人。
Zìsī de xíngwéi huì shānghài biérén.
쯔쓰 떠 씨잉웨이 후에이 쌰앙하이 삐에르언.

이기적인 행동은 다른 사람에게 상처 줄 수 있어요.

26
固执 *
gùzhí
꾸쯔

형 고집스럽다, 집요하다

爸爸有时候很固执。
Bàba yǒushíhou hěn gùzhí.
빠바 여우쓰허우 흐언 꾸쯔.

아빠는 가끔 고집스러워요.

27
急躁 *
jízào
찌짜오

형 급하다

我的性格有点儿急躁，说话也很快。
Wǒ de xìnggé yǒudiǎnr jízào, shuōhuà yě hěn kuài.
워 떠 씨잉끄어 여우띠알 찌짜오, 쓔어후아 예 흐언 쿠아이.

제 성격은 조금 급해서, 말도 빠르게 해요.

28
犹豫不决 *
yóuyùbùjué
여우위뿌쮜에

성 우유부단하다

他买东西时特别犹豫不决。
Tā mǎi dōngxi shí tèbié yóuyùbùjué.
타 마이 또옹씨 쓸 트어삐에 여우위뿌쮜에.

그는 물건을 살 때 특히 우유부단해요.

TIP
'고민되다, 결정을 하지 못하겠다'라는 뜻으로 纠结(jiūjié)라는 표현도 자주 쓰여요.

29
优点*
yōudiǎn
여우띠엔

명 장점

你的沟通能力是一个非常明显的优点。
Nǐ de gōutōng nénglì shì yí ge fēicháng míngxiǎn de yōudiǎn.
니 떠 꺼우토옹 느엉리 쓸 이 끄어 ⓕ에이챠앙 미잉씨엔 떠 여우띠엔.

당신의 소통 능력은 아주 뚜렷한 장점이에요.

30
缺点*
quēdiǎn
취에띠엔

명 단점

人人都有缺点。
Rénrén dōu yǒu quēdiǎn.
르언르언 떠우 여우 취에띠엔.

누구나 단점이 있어요.

31
聪明*
cōngming
초옹미잉

형 똑똑하다

他不仅聪明，还特别勤奋。
Tā bùjǐn cōngmíng, hái tèbié qínfèn.
타 뿌찌인 초옹미잉, 하이 트어삐에 치인ⓕ언.

그는 똑똑할 뿐만 아니라, 아주 부지런해요.

32
大方*
dàfang
따ⓕ아앙

형 시원시원하다, 호탕하다

丽丽性格很大方，很好相处。
Lìli xìnggé hěn dàfang, hěn hǎo xiāngchǔ.
리리 씨잉끄어 흐언 따ⓕ아앙, 흐언 하오 씨앙추.

리리의 성격이 시원시원해서, 같이 지내기 편해요.

라이브 스몰톡

빈칸의 한국어를 중국어로 바꾸면서 직접 말해보세요.

MP3 바로듣기

나

大家都说我很 ①외향적이다，但我以前不是这样的。
Dàjiā dōu shuō wǒ hěn ① ______, dàn wǒ yǐqián bú shì zhèyàng de.
모두들 내가 외향적이라고 말하지만, 예전에는 이렇지 않았어.

친구

你以前是怎么样的？
Nǐ yǐqián shì zěnmeyàng de?
예전에 어땠는데?

나

以前我比较 ②내성적이다，不喜欢跟别人说话。
Yǐqián wǒ bǐjiào ② ______, bù xǐhuan gēn biérén shuōhuà.
예전에는 비교적 내성적이었고,
다른 사람과 말하는 걸 좋아하지 않았어.

工作以后，我的 ③성격 更 ④활발하다 了。
Gōngzuò yǐhòu, wǒ de ③ ______ gèng ④ ______ le.
일을 한 후에, 내 성격이 더 활발해졌어.

정답 | ① 外向(wàixiàng) ② 内向(nèixiàng) ③ 性格(xìnggé) ④ 活泼(huópō)

단어 | 以前 yǐqián 명 예전 比较 bǐjiào 부 비교적 说话 shuōhuà 동 말하다 以后 yǐhòu 명 이후

04 일차

감정

MP3 바로듣기

숨은그림찾기

오늘 배울 단어 5개를 찾아보세요.

开心	吃惊	难过	生气	搞笑
즐겁다	놀라다	슬프다	화나다	웃기다

정답확인

* = HSK 필수단어

01
感情 *
gǎnqíng
까안치잉

명 감정

我对他没有特别的感情。
Wǒ duì tā méiyǒu tèbié de gǎnqíng.
워 뚜에이 타 메이여우 트어삐에 떠 까안치잉.

저는 그에게 특별한 감정이 없어요.

02
态度 *
tàidu
타이뚜

명 태도

他的态度很认真。
Tā de tàidu hěn rènzhēn.
타 떠 타이뚜 흐언 르언쯔언.

그의 태도는 매우 성실해요.

03
心情 *
xīnqíng
씨인치잉

명 기분, 마음, 심정

你看起来心情不太好。
Nǐ kàn qǐlai xīnqíng bú tài hǎo.
니 카안 치라이 씨인치잉 뿌 타이 하오.

당신은 기분이 별로 안 좋아 보여요.

04
状态 *
zhuàngtài
쭈앙타이

명 컨디션, 상태

她最近状态不错，心情也越来越好。
Tā zuìjìn zhuàngtài búcuò, xīnqíng yě yuèláiyuè hǎo.
타 쭈에이찌인 쭈앙타이 뿌추어, 씨인치잉 예 위에라이위에 하오.

그녀는 요즘 컨디션이 좋고, 기분도 점점 좋아지고 있어요.

05
感到*

gǎndào
까안따오

동 ~라고 느끼다

我感到有点儿紧张。
Wǒ gǎndào yǒudiǎnr jǐnzhāng.
워 까안따오 여우띠알 찌인쨔앙.

저는 좀 긴장된다고 느껴요.

06
开心*

kāixīn
카이씨인

형 즐겁다, 기쁘다

今天我非常开心。
Jīntiān wǒ fēicháng kāixīn.
찌인티엔 워 ㊉에이챠앙 카이씨인.

오늘 저는 아주 즐거워요.

07
高兴*

gāoxìng
까오씨잉

형 기쁘다, 즐겁다

看到你高兴，我也高兴。
Kàndào nǐ gāoxìng, wǒ yě gāoxìng.
카안따오 니 까오씨잉, 워 예 까오씨잉.

당신이 기뻐하는 걸 보니, 저도 기뻐요.

08
幸福*

xìngfú
씨잉㊉우

형 행복하다 명 행복

和家人在一起最让我觉得幸福。
Hé jiārén zài yìqǐ zuì ràng wǒ juéde xìngfú.
흐어 찌아르언 짜이 이치 쭈에이 라앙 워 쮜에뜨어 씨잉㊉우.

가족과 함께 있는 게 저를 가장 행복하게 해요.

09
感动*
gǎndòng
까안또옹

형 감동하다 동 감동시키다

收到你的礼物，我很感动。
Shōudào nǐ de lǐwù，wǒ hěn gǎndòng.
써우따오 니 떠 리우, 워 흐언 까안또옹.

당신의 선물을 받고, 저는 감동했어요.

TIP
'~이 감동적이다'라고 말하고 싶을 때는 '~很感人(hěn gǎnrén)'이라고 하면 돼요.

10
紧张*
jǐnzhāng
찌인쨔앙

형 긴장되다

考试的时候，我很紧张。
Kǎoshì de shíhou, wǒ hěn jǐnzhāng.
카오쓸 떠 쓸허우, 워 흐언 찌인쨔앙.

시험 볼 때, 저는 긴장돼요.

11
吃惊*
chījīng
츨찌잉

동 놀라다

听到这个消息，她很吃惊。
Tīngdào zhège xiāoxi, tā hěn chījīng.
티잉따오 쯔어끄어 씨아오씨, 타 흐언 츨찌잉.

이 소식을 듣고, 그녀는 놀랐어요.

TIP
'깜짝 놀랐어'라고 말할 때 吓了一跳(xiàle yí tiào)라는 표현도 자주 써여요.

12
担心*
dānxīn
따안씨인

동 걱정하다

不用担心，一切都会好的。
Búyòng dānxīn, yíqiè dōu huì hǎo de.
뿌용 따안씨인, 이치에 떠우 후에이 하오 떠.

걱정하지 마세요, 모든 게 다 잘 될 거에요.

13
累 *

lèi

레이

㊉ 피곤하다, 지치다

你看起来很累，休息一下。

Nǐ kàn qǐlai hěn lèi, xiūxi yíxià.

니 카안 치라이 흐언 레이, 씨어우씨 이씨아.

당신은 피곤해 보이네요. 좀 쉬세요.

14
困 *

kùn

쿠언

㊉ 졸리다

吃完饭以后，我感到有点儿困。

Chīwán fàn yǐhòu, wǒ gǎndào yǒudiǎnr kùn.

츠완 ⓕ아안 이허우, 워 까안따오 여우띠알 쿠언.

밥을 다 먹고 나니, 조금 졸리네요.

15
害怕 *

hàipà

하이파

㊍ 무서워하다

不用害怕，我陪着你。

Búyòng hàipà, wǒ péizhe nǐ.

뿌용 하이파, 워 페이쪄 니.

무서워하지 마세요. 제가 당신과 함께 할게요.

16
害羞 *

hàixiū

하이씨어우

㊉ 부끄러워하다

她很容易害羞。

Tā hěn róngyì hàixiū.

타 흐언 로옹이 하이씨어우.

그녀는 잘 부끄러워해요.

17
遗憾 *
yíhàn
이하안

형 아쉽다, 유감이다

真遗憾你不能来。
Zhēn yíhàn nǐ bù néng lái.
쯔언 이하안 니 뿌 느엉 라이.

당신이 오지 못해서 정말 아쉬워요.

18
难过 *
nánguò
나안꾸어

형 슬프다, 속상하다

别太难过了。
Bié tài nánguò le.
삐에 타이 나안꾸어 러.

너무 슬퍼하지 마세요.

19
伤心 *
shāngxīn
쌰앙씨인

형 슬프다, 상심하다

我这次真的很伤心。
Wǒ zhè cì zhēn de hěn shāngxīn.
워 쯔어 츠 쯔언 떠 흐언 쌰앙씨인.

저 이번에는 정말로 슬퍼요.

TIP
难过는 속상하고 마음이 무거운 상태이고, 伤心은 깊이 슬프고 마음에 상처 받은 상태예요.

20
失落 *
shīluò
쓸루어

형 서운하다, 망연자실하다

他的表情看起来很失落。
Tā de biǎoqíng kàn qǐlai hěn shīluò.
타 떠 삐아오치잉 카안 치라이 흐언 쓸루어.

그의 표정이 서운해 보여요.

21
生气 *
shēngqì
쓰엉치

동 화나다, 화내다

妈妈为什么**生气**了?
Māma wèishénme shēngqì le?
마마 웨이쓰언므어 쓰엉치 러?

엄마는 왜 **화났어요**?

22
兴奋 *
xīngfèn
씨잉으언

형 흥분하다, 감격하다

明天要去旅行，我太**兴奋**了!
Míngtiān yào qù lǚxíng, wǒ tài xīngfèn le!
미잉티엔 야오 취 뤼씨잉, 워 타이 씨잉으언 러!

내일 여행을 가서, 저는 너무 **흥분돼요**!

23
激动 *
jīdòng
찌또옹

형 감격하다, 흥분하다

他**激动**得哭了。
Tā jīdòng de kū le.
타 찌또옹 떠 쿠 러.

그는 **감격해서** 울었어요.

TIP
兴奋은 기쁘고 들뜬 상태,
激动은 기뻐서 감정이 크게
요동치는 상태를 말해요.

24
满意 *
mǎnyì
마안이

동 만족하다, 뿌듯하다

我对这个结果很**满意**。
Wǒ duì zhège jiéguǒ hěn mǎnyì.
워 뚜에이 쯔어끄어 찌에꾸어 흐언 마안이.

저는 이 결과에 **만족해요**.

25
得意 *
déyì
뜨어이

형 의기양양하다

她**得意**地笑了。
Tā déyì de xiào le.
타 뜨어이 떠 씨아오 러.

그녀는 **의기양양하게** 웃었어요.

26
搞笑 *
gǎoxiào
까오씨아오

형 웃기다

这个短视频太**搞笑**了。
Zhège duǎnshìpín tài gǎoxiào le.
쯔어끄어 뚜안쓸피인 타이 까오씨아오 러.

이 숏폼은 너무 **웃겨요**.

27
怀念 *
huáiniàn
후아이니엔

동 그리워하다

你最**怀念**什么?
Nǐ zuì huáiniàn shénme?
니 쭈에이 후아이니엔 쓰언므어?

당신은 무엇이 가장 **그리운가요**?

28
无聊 *
wúliáo
우리아오

형 지루하다, 심심하다

这部电影太**无聊**了。
Zhè bù diànyǐng tài wúliáo le.
쯔어 뿌 띠엔잉 타이 우리아오 러.

이 영화는 너무 **지루해요**.

29
复杂*
fùzá
Ⓕ우짜

형 복잡하다

现在我的心情很复杂。
Xiànzài wǒ de xīnqíng hěn fùzá.
씨엔짜이 워 떠 씨인치잉 흐언 Ⓕ우짜.

지금 제 기분은 매우 복잡해요.

30
支持*
zhīchí
쯔츠

동 지지하다

谢谢你一直支持我。
Xièxie nǐ yìzhí zhīchí wǒ.
씨에씨에 니 이쯔 쯔츠 워.

줄곧 저를 지지해줘서 고마워요.

31
反对*
fǎnduì
Ⓕ아안뚜에이

동 반대하다

我反对这个意见。
Wǒ fǎnduì zhège yìjiàn.
워 Ⓕ아안뚜에이 쯔어끄어 이찌엔.

저는 이 의견에 반대해요.

32
情绪波动
qíngxù bōdòng
치잉쒸 뽀어또옹

명 감정 기복

孩子最近情绪波动非常大。
Háizi zuìjìn qíngxù bōdòng fēicháng dà.
하이쯔 쭈에이찌인 치잉쒸 뽀어또옹 Ⓕ에이차앙 따.

아이가 최근 감정 기복이 아주 커요.

라이브 스몰톡

빈칸의 한국어를 중국어로 바꾸면서 직접 말해보세요.

MP3 바로듣기

나

你看起来 ①기분 不太好，有什么事吗？
Nǐ kàn qǐlai ① ____ bú tài hǎo, yǒu shénme shì ma?
기분이 별로 안 좋아 보이네. 무슨 일 있어?

친구

我这次考试考得不好。
Wǒ zhè cì kǎoshì kǎo de bù hǎo.
이번 시험을 잘 못 봤어.

나

别 ②걱정하다，这次你可能太 ③긴장하다 了。
Bié ② ____, zhè cì nǐ kěnéng tài ③ ____ le.
걱정하지 마, 이번에 네가 아마도 너무 긴장했나 봐.

下次一定能考好的。
Xià cì yídìng néng kǎohǎo de.
다음 번에는 반드시 잘 볼 거야.

정답 | ① 心情(xīnqíng) ② 担心(dānxīn) ③ 紧张(jǐnzhāng)

단어 | 考试 kǎoshì 명 시험 下次 xià cì 다음 번 一定 yídìng 부 반드시

04일차

해커스 중국어 첫걸음 단어장

05 일차

취미

MP3 바로듣기

숨은그림찾기

오늘 배울 단어 5개를 찾아보세요.

音乐	电影	画画儿	露营	钢琴
음악	영화	그림을 그리다	캠핑하다	피아노

01
爱好*
àihào
아이하오

명 취미

我的爱好是运动。
Wǒ de àihào shì yùndòng.
워 떠 아이하오 쓸 윈또옹.

제 취미는 운동이에요.

02
感兴趣*
gǎn xìngqù
까안 씨잉취

관심이 많다, 흥미를 느끼다

我对中国文化很感兴趣。
Wǒ duì Zhōngguó wénhuà hěn gǎn xìngqù.
워 뚜에이 쪼옹꾸어 원후아 흐언 까안 씨잉취.

저는 중국 문화에 관심이 많다요.

03
中文*
Zhōngwén
쪼옹원

고유 중국어

我每天都在练习中文。
Wǒ měitiān dōu zài liànxí Zhōngwén.
워 메이티엔 떠우 짜이 리엔씨 쪼옹원.

저는 매일 중국어를 연습하고 있어요.

TIP
'중국어'는 汉语(Hànyǔ)라고 도 하는데, '중국 한족의 언어'라는 뜻이에요.

04
外语*
wàiyǔ
와이위

명 외국어

学外语需要时间和耐心。
Xué wàiyǔ xūyào shíjiān hé nàixīn.
쒸에 와이위 쒸야오 쓸찌엔 흐어 나이씨인.

외국어를 배우는 것은 시간과 인내가 필요해요.

05
音乐 *
yīnyuè
인위에

명 음악

我经常一边跑步，一边听**音乐**。
Wǒ jīngcháng yìbiān pǎobù, yìbiān tīng yīnyuè.
워 찌잉챵 이삐엔 파오뿌, 이삐엔 티잉 인위에.

저는 자주 달리면서 **음악**을 들어요.

06
钢琴 *
gāngqín
까앙치인

명 피아노

我从小就想学弹**钢琴**。
Wǒ cóngxiǎo jiù xiǎng xué tán gāngqín.
워 초옹씨아오 찌어우 씨앙 쒸에 타안 까앙치인.

저는 어릴 때부터 **피아노** 치는 것을 배우고 싶었어요.

07
跳舞 *
tiàowǔ
티아오우

동 춤추다

我**跳舞**跳得非常不好。
Wǒ tiàowǔ tiào de fēicháng bù hǎo.
워 티아오우 티아오 떠 ⓕ에이챵 뿌 하오.

저는 **춤을** 정말 못 **춰요**.

TIP
'춤'을 말하고 싶을 때는 舞蹈(wǔdǎo)라고 하면 돼요.

08
画画儿

동 그림을 그리다

我特别喜欢**画画儿**。
Wǒ tèbié xǐhuan huàhuàr.
워 트어삐에 씨후안 후아후알.

저는 **그림 그리기**를 특히 좋아해요.

TIP
画画儿에서 앞의 画는 '그리다', 뒤의 画儿은 '그림'이라는 뜻이에요. 여기서 儿은 중국 북방 사람들이 말할 때 큰 의미 없이 붙이는 말버릇이어서 붙여도 되고, 생략해도 돼요.

09
迷 *
mí
미

명 팬, 애호가 동 빠지다, 심취하다

我是一个狂热的足球迷。
Wǒ shì yí ge kuángrè de zúqiú mí.
워 쓸 이 끄어 쿠앙르어 떠 쭈치어우 미.

저는 열성적인 축구 팬이에요.

10
追星
zhuīxīng
쭈에이씨잉

동 (연예인을) 덕질하다, 연예인을 쫓아 다니다

他是我追星时认识的朋友。
Tā shì wǒ zhuīxīng shí rènshi de péngyou.
타 쓸 워 쭈에이씨잉 쓸 르언쓸 떠 프엉여우.

그는 제가 덕질할 때 알게 된 친구예요.

11
打卡 *
dǎkǎ
따카

동 (핫한 곳을) 방문하여 인증하다

我很喜欢去网红餐厅打卡。
Wǒ hěn xǐhuan qù wǎnghóng cāntīng dǎkǎ.
워 흐언 씨후안 취 왕호옹 차안티잉 따카.

저는 인플루언서 식당에 가서 방문 인증하는 걸 좋아해요.

12
现场观看
xiànchǎng guānkàn
씨엔챠앙 꾸안카안

직관하다, 현장에서 관람하다

我想现场观看棒球比赛。
Wǒ xiǎng xiànchǎng guānkàn bàngqiú bǐsài.
워 씨앙 씨엔챠앙 꾸안카안 빠앙치어우 삐싸이.

저는 야구 경기를 직관하고 싶어요.

13
电影 *

diànyǐng
띠엔잉

명 영화

你看过这部电影吗?

Nǐ kànguo zhè bù diànyǐng ma?
니 카안꿔 쯔어 뿌 띠엔잉 마?

이 영화 봤어요?

14
电影院 *

diànyǐngyuàn
띠엔잉위엔

명 영화관

我一个月去一次电影院。

Wǒ yí ge yuè qù yí cì diànyǐngyuàn.
워 이 끄어 위에 취 이 츠 띠엔잉위엔.

저는 한 달에 한 번 영화관에 가요.

15
电视剧 *

diànshìjù
띠엔쓸쮜

명 드라마

最近有什么好看的电视剧?

Zuìjìn yǒu shénme hǎokàn de diànshìjù?
쭈에이찌인 여우 쓰언므어 하오카안 뜨어 띠엔쓸쮜?

최근에 재미있는 드라마가 뭐 있어요?

16
追剧

zhuījù
쮸에이쮜

동 드라마를 정주행하다

我这次放假要在家里追剧。

Wǒ zhè cì fàngjià yào zài jiāli zhuījù.
워 쯔어 츠 f아앙찌아 야오 짜이 찌아리 쮸에이쮜.

저는 이번 휴가 때 집에서 드라마를 정주행할 거예요.

17

油管

yóuguǎn
여우꾸안

명 유튜브

我几乎一整天都在看油管。
Wǒ jīhū yìzhěngtiān dōu zài kàn yóuguǎn.
워 찌후 이쯔엉티엔 떠우 짜이 카안 여우꾸안.

저는 거의 하루 종일 유튜브만 봐요.

18

奈飞

nàifēi
나이f에이

명 넷플릭스

我在奈飞上看了一部中国电影。
Wǒ zài nàifēi shang kànle yí bù Zhōngguó diànyǐng.
워 짜이 나이f에이 샤앙 카안러 이 뿌 쫑꾸어 띠엔잉.

저는 넷플릭스에서 중국 영화 한 편을 봤어요.

19

游戏*

yóuxì
여우씨

명 게임

这个游戏可以两个人玩儿。
Zhège yóuxì kěyǐ liǎng ge rén wánr.
쯔어끄어 여우씨 크어이 리앙 끄어 르언 와알.

이 게임은 두 명이 할 수 있어요.

20

网络漫画

wǎngluò mànhuà
왕루어 마안후아

명 웹툰

这部电视剧原来是网络漫画。
Zhè bù diànshìjù yuánlái shì wǎngluò mànhuà.
쯔어 뿌 띠엔쓰쮜 위엔라이 쓰 왕루어 마안후아.

이 드라마는 원래 웹툰이었어요.

TIP
网络漫画는 '웹, 인터넷'이라는 뜻의 网络와 '카툰, 만화'라는 뜻의 漫画가 합쳐진 단어예요.

21
兜风
dōufēng
떠우ⓕ엉

동 드라이브하다, 바람을 쐬다

我最爱**兜风**的时候听音乐。
Wǒ zuì ài dōufēng de shíhou tīng yīnyuè.
워 쭈에이 아이 떠우ⓕ엉 떠 쓸허우 티잉 인위에.

저는 **드라이브할** 때 음악 듣는 것을 가장 좋아해요.

22
露营 *
lùyíng
루잉

동 캠핑하다, 야영하다

我心情不好的时候会去**露营**。
Wǒ xīnqíng bù hǎo de shíhou huì qù lùyíng.
워 씨인치잉 뿌 하오 떠 쓸허우 후에이 취 루잉.

저는 기분이 안 좋을 때 **캠핑하러** 가요.

23
钓鱼 *
diàoyú
띠아오위

동 낚시하다

我们一起去海边**钓鱼**吧!
Wǒmen yìqǐ qù hǎibiān diàoyú ba!
워므언 이치 취 하이삐엔 띠아오위 빠!

우리 함께 바닷가에 **낚시하러** 가요!

24
登山 *
dēngshān
뜨엉쌰안

동 등산하다

TIP
'산을 오르다'라는 뜻의 爬山(páshān)도 '등산하다'의 의미로 자주 써요.

登山可以欣赏美丽的风景。
Dēngshān kěyǐ xīnshǎng měilì de fēngjǐng.
뜨엉쌰안 크어이 씨인쌰앙 메이리 떠 ⓕ엉찌잉.

등산하면 아름다운 풍경을 감상할 수 있어요.

25
视频 *
shìpín
쓸피인

명 영상

我通过视频学了烘焙。
Wǒ tōngguò shìpín xuéle hōngbèi.
워 토옹꾸어 쓸피인 쒸에러 호옹뻬이

저는 영상을 통해 베이킹을 배웠어요.

26
编辑 *
biānjí
삐엔찌

동 편집하다

你会编辑视频吗?
Nǐ huì biānjí shìpín ma?
니 후에이 삐엔찌 쓸피인 마?

당신은 영상을 편집할 줄 알아요?

27
展览 *
zhǎnlǎn
쨔안라안

명 전시회 동 전시하다

我和男朋友常常去看展览。
Wǒ hé nánpéngyou chángcháng qù kàn zhǎnlǎn.
워 흐어 나안프엉여우 챠앙챠앙 취 카안 쨔안라안.

저는 남자 친구와 자주 전시회를 보러 가요.

28
收藏 *
shōucáng
쎠우차앙

동 수집하다, 소장하다

我收藏了很多稀有的手办。
Wǒ shōucángle hěn duō xīyǒu de shǒubàn.
워 쎠우차앙러 흐언 뚜어 씨여우 떠 쎠우빠안.

저는 희귀한 피규어를 많이 수집했어요.

29
烘焙 *
hōngbèi
호옹뻬이

동 베이킹하다, 굽다 명 베이킹

我最近迷上了烘焙。
Wǒ zuìjìn míshangle hōngbèi.
워 쭈에이찌인 미샤앙러 호옹뻬이.

저는 최근에 베이킹에 빠졌어요.

30
咖啡厅
kāfēitīng
카ⓕ에이티잉

명 카페

这家咖啡厅的氛围太好了。
Zhè jiā kāfēitīng de fēnwéi tài hǎo le.
쯔어 찌아 카ⓕ에이티잉 떠 ⓕ언웨이 타이 하오 러.

이 카페의 분위기가 너무 좋네요.

31
聊天儿 *
liáotiānr
리아오티알

동 이야기하다, 수다 떨다

我常常和朋友们聊天儿。
Wǒ chángcháng hé péngyoumen liáotiānr.
워 차앙차앙 흐어 프엉여우므언 리아오티알.

저는 자주 친구들과 이야기해요.

32
最近 *
zuìjìn
쭈에이찌인

명 최근, 요즘

我最近开始学画画儿了。
Wǒ zuìjìn kāishǐ xué huàhuàr le.
워 쭈에이찌인 카이쓸 쒸에 후아후알 러.

저는 최근에 그림 그리는 것을 배우기 시작했어요.

라이브 스몰톡

빈칸의 한국어를 중국어로 바꾸면서 직접 말해보세요.

MP3 바로듣기

친구

听说你最近学中文，怎么学的？
Tīngshuō nǐ zuìjìn xué Zhōngwén, zěnme xué de?
너 최근에 중국어 배운다면서, 어떻게 배우고 있어?

나

我看了很多学中文的 ①영상。
Wǒ kànle hěn duō xué Zhōngwén de ①______.
나는 중국어 학습 영상을 많이 봤어.

我还看了中国 ②드라마，跟中国朋友 ③이야기하다。
Wǒ hái kànle Zhōngguó ②______, gēn Zhōngguó péngyou ③______.
또 중국 드라마도 봤고, 중국 친구와 이야기도 했어.

친구

挺好的，学会了就教我吧。
Tǐng hǎo de, xuéhuì le jiù jiāo wǒ ba.
좋네. 할 줄 알게 되면 나도 가르쳐 줘.

정답 | ① 视频(shìpín) ② 电视剧(diànshìjù) ③ 聊天儿(liáotiānr)

단어 | 听说 tīngshuō 동 듣자하니 ~하다 学会 xuéhuì 배워서 할 수 있게 되다 教 jiāo 동 가르치다

06 일차

MP3 바로듣기

목표·자기계발

숨은그림찾기

오늘 배울 단어 5개를 찾아보세요.

目标	实现	成长	储蓄	想象
목표	이루다	성장하다	저축하다	상상하다

정답확인

* = HSK 필수단어

01
目标*
mùbiāo
무뻐아오

명 목표

你有什么新年目标?
Nǐ yǒu shénme xīnnián mùbiāo?
니 여우 쓰언므어 씨인니엔 무뻐아오?

당신은 어떤 새해 목표가 있나요?

02
自我提升*
zìwǒ tíshēng
쯔워 티쓰엉

자기계발

我非常重视自我提升。
Wǒ fēicháng zhòngshì zìwǒ tíshēng.
워 f에이차앙 쪼옹쓸 쯔워 티쓰엉.

저는 자기계발을 아주 중시해요.

03
理想*
lǐxiǎng
리씨앙

명 꿈, 이상 형 이상적이다

我的理想是成为一名乘务员。
Wǒ de lǐxiǎng shì chéngwéi yì míng chéngwùyuán.
워 떠 리씨앙 쓸 츠엉웨이 이 미잉 츠엉우위엔.

저의 꿈은 승무원이 되는 거예요.

04
梦想*
mèngxiǎng
므엉씨앙

명 꿈, 소원 동 꿈꾸다

我的梦想是环游世界。
Wǒ de mèngxiǎng shì huányóu shìjiè.
워 떠 므엉씨앙 쓸 후안여우 쓸찌에.

저의 꿈은 세계 일주입니다.

TIP
梦想은 자유롭고 낭만적인 개인적 소원을 나타내고 理想은 현실적인 바람을 나타내요.

05

希望*

xīwàng
씨왕

동 바라다, 희망하다 명 희망

我**希望**明天的我比今天更好。
Wǒ xīwàng míngtiān de wǒ bǐ jīntiān gèng hǎo.
워 씨왕 미잉티엔 떠 워 삐 찌인티엔 끄엉 하오.

저는 내일의 제가 오늘보다 더 나아지길 **바라요**.

06

实现*

shíxiàn
쓸씨엔

동 이루다, 실현하다

他终于**实现**了自己的梦想。
Tā zhōngyú shíxiànle zìjǐ de mèngxiǎng.
타 쫑옹위 쓸씨엔러 쯔찌 떠 므엉씨앙.

그는 마침내 자신의 꿈을 **이뤘어요**.

07

成功*

chénggōng
츠엉꼬옹

동 성공하다 형 성공적이다

TIP
'실패하다'는 失败(shībài)예요.

要想**成功**，就必须努力。
Yào xiǎng chénggōng, jiù bìxū nǔlì.
야오 씨앙 츠엉꼬옹, 찌어우 삐쉬 누리.

성공하고 싶으면, 반드시 열심히 해야 해요.

08

成长*

chéngzhǎng
츠엉짜앙

동 성장하다

我希望和公司一起**成长**。
Wǒ xīwàng hé gōngsī yìqǐ chéngzhǎng.
워 씨왕 흐어 꼬옹쓰 이치 츠엉짜앙.

저는 회사와 함께 **성장하**기를 바라요.

* = HSK 필수단어

09

努力 *

nǔlì
누리

형 열심이다, 노력하다

我会继续**努力**学中文。
Wǒ huì jìxù nǔlì xué Zhōngwén.
워 후에이 찌쒸 누리 쒸에 쪼옹원.

저는 계속 **열심히** 중국어를 배울 거예요.

10

坚持 *

jiānchí
찌엔츠

동 지속하다, 꾸준히 하다

成功需要长期**坚持**。
Chénggōng xūyào chángqī jiānchí.
츠엉꼬옹 쒸야오 차앙치 찌엔츠.

성공에는 장기적인 **지속이** 필요해요.

11

进步 *

jìnbù
찌인뿌

동 발전하다, 늘다

我发现自己**进步**了很多。
Wǒ fāxiàn zìjǐ jìnbùle hěn duō.
워 ⓕ아씨엔 쯔찌 찌인뿌러 흐언 뚜어.

저는 자신이 **발전했음**을 발견했어요.

12

掌握 *

zhǎngwò
짜앙워

동 익히다, 마스터하다

掌握基础对学习很重要。
Zhǎngwò jīchǔ duì xuéxí hěn zhòngyào.
짜앙워 찌추 뚜에이 쒸에씨 흐언 쪼옹야오.

기초를 **익히는 것**은 학습에 매우 중요해요.

06일차

해커스 중국어 첫걸음 단어장

13
机会 *
jīhuì
찌후에이

명 기회

TIP
'기회를 잡다'는 抓住机会(zhuāzhù jīhuì)라고 말해요.

我不想放弃这个**机会**。
Wǒ bù xiǎng fàngqì zhège jīhuì.
워 뿌 씨앙 ⓕ아앙치 쯔어끄어 찌후에이.

저는 이 **기회**를 포기하고 싶지 않아요.

14
挑战 *
tiǎozhàn
티아오쨔안

명 도전, 시련 동 도전하다

对我来说这份工作是个**挑战**。
Duì wǒ lái shuō zhè fèn gōngzuò shì ge tiǎozhàn.
뚜에이 워 라이 쓔어 쯔어 ⓕ으언 꼬옹쭈어 쓸 끄어 티아오쨔안.

제게 있어서 이 일은 **도전**이에요.

15
放弃 *
fàngqì
ⓕ아앙치

동 포기하다, 버리다

千万不要轻易**放弃**梦想。
Qiānwàn bú yào qīngyì fàngqì mèngxiǎng.
치엔완 뿌 야오 치잉이 ⓕ아앙치 므엉씨앙.

절대 쉽게 꿈을 **포기하지** 마세요.

16
想象
xiǎngxiàng
씨앙씨앙

동 상상하다

我常常**想象**未来的自己。
Wǒ chángcháng xiǎngxiàng wèilái de zìjǐ.
워 챠앙챠앙 씨앙씨앙 웨이라이 뜨어 쯔찌.

저는 미래의 저를 자주 **상상해요**.

17
选择 *
xuǎnzé
쒸엔쯔어

명 선택 동 선택하다

人生有很多选择。
Rénshēng yǒu hěn duō xuǎnzé.
르언쓰엉 여우 흐언 뚜어 쒸엔쯔어.

인생에는 많은 선택이 있어요.

18
方法 *
fāngfǎ
ⓕ아앙ⓕ아

명 방법, 수단

什么方法能解决这个问题?
Shénme fāngfǎ néng jiějué zhège wèntí?
쓰언므어 ⓕ아앙ⓕ아 느엉 찌에쮜에 쯔어 끄어 원티?

어떤 방법이 이 문제를 해결할 수 있어요?

19
过程 *
guòchéng
꾸어츠엉

명 과정

实现目标的过程比结果更重要。
Shíxiàn mùbiāo de guòchéng bǐ jiéguǒ gèng zhòngyào.
쓸씨엔 무삐아오 떠 꾸어츠엉 삐 찌에꾸어 끄엉 쫑야오.

목표를 이루는 과정이 결과보다 더 중요해요.

20
结果 *
jiéguǒ
찌에꾸어

명 결과

你一定会有好结果。
Nǐ yídìng huì yǒu hǎo jiéguǒ.
니 이띠잉 후에이 여우 하오 찌에꾸어.

당신은 반드시 좋은 결과가 있을 거예요.

21
人生 *
rénshēng
르언쓰엉

명 인생

你的人生目标是什么?
Nǐ de rénshēng mùbiāo shì shénme?
니 떠 르언쓰엉 무삐아오 쓸 쓰언므어?

당신의 인생 목표는 무엇인가요?

22
榜样 *
bǎngyàng
빠앙양

명 롤모델, 모범, 귀감

他一直是我人生的榜样。
Tā yìzhí shì wǒ rénshēng de bǎngyàng.
타 이즐 쓸 워 르언쓰엉 떠 빠앙양.

그는 계속 제 인생 롤모델이었어요.

23
未来 *
wèilái
웨이라이

명 미래

未来的我们会是什么样?
Wèilái de wǒmen huì shì shénmeyàng?
웨이라이 떠 워므언 후에이 쓸 쓰언므어양?

미래의 우리는 어떤 모습일까요?

24
前景 *
qiánjǐng
치엔찌잉

명 전망, 장래, 앞날

这个行业的发展前景很不错。
Zhège hángyè de fāzhǎn qiánjǐng hěn búcuò.
쯔어끄어 하앙예 떠 ⓕ아짜안 치엔찌잉 흐언 뿌추어.

이 업계의 발전 전망은 나쁘지 않아요.

25
能力 *
nénglì
느엉리

명 능력, 역량

他的工作**能力**很强。
Tā de gōngzuò nénglì hěn qiáng.
타 떠 꼬옹쭈어 느엉리 흐언 치앙.

그의 업무 **능력**은 매우 뛰어나요.

26
价值 *
jiàzhí
찌아쯔

명 가치

TIP
'가치관'은 价值观(jiàzhíguān), '개인의 가치'는 个人价值(gèrén jiàzhí)이라고 말해요.

这些资料很有参考**价值**。
Zhè xiē zīliào hěn yǒu cānkǎo jiàzhí.
쯔어 씨에 쯔리아오 흐언 여우 차안카오 찌아쯔.

이 자료들은 매우 참고 **가치**가 있어요.

27
增加 *
zēngjiā
쯔엉찌아

동 늘리다, 증가하다

学习中文可以**增加**就业机会。
Xuéxí Zhōngwén kěyǐ zēngjiā jiùyè jīhuì.
쒸에씨 쪼옹원 크어이 쯔엉찌아 찌어우예 찌후에이.

중국어를 배우면 취업 기회를 **늘릴** 수 있어요.

28
减少 *
jiǎnshǎo
찌엔샤오

동 줄다, 감소하다

我们要**减少**不必要的支出。
Wǒmen yào jiǎnshǎo bú bìyào de zhīchū.
워므언 야오 찌엔샤오 뿌 삐야오 떠 쯔추.

우리는 불필요한 지출을 **줄여야** 해요.

29
储蓄 *
chǔxù
츄쒸

동 저축하다, 모아두다 명 저축

储蓄是个好习惯。
Chǔxù shì ge hǎo xíguàn.
츄쒸 쓸 끄어 하오 씨꾸안.

저축하는 것은 좋은 습관이에요.

30
投资 *
tóuzī
터우쯔

동 투자하다 명 투자, 투자금

我上个月开始学习投资了。
Wǒ shàng ge yuè kāishǐ xuéxí tóuzī le.
워 쌰앙 끄어 위에 카이쓸 쒸에씨 터우쯔 러.

저는 지난 달부터 투자 공부를 시작했어요.

31
收入 *
shōurù
써우루

명 수입, 소득

最近我的收入增加了。
Zuìjìn wǒ de shōurù zēngjiā le.
쭈에이찌인 워 떠 써우루 쯔엉찌아 러.

최근에 제 수입이 증가했어요.

32
支出 *
zhīchū
쯜츄

명 지출 동 지출하다

这个月的支出有点儿多。
Zhège yuè de zhīchū yǒudiǎnr duō.
쯔어끄어 위에 떠 쯜츄 여우띠알 뚜어.

이번 달 지출이 조금 많아요.

라이브 스몰톡

빈칸의 한국어를 중국어로 바꾸면서 직접 말해보세요.

MP3 바로듣기

선생님

你的理想是什么?
Nǐ de lǐxiǎng shì shénme?
너의 꿈은 무엇이니?

나

我 ①바라다 自己可以成为飞行员。
Wǒ ① ____ zìjǐ kěyǐ chéngwéi fēixíngyuán.
저는 제가 파일럿이 될 수 있기를 바라요.

선생님

这是一个不简单的挑战啊!
Zhè shì yí ge bù jiǎndān de tiǎozhàn a!
쉽지 않은 도전이구나!

나

我相信坚持 ②노력하다 的话,
Wǒ xiāngxìn jiānchí ② ____ de huà,
저는 끝까지 노력한다면,

一定能 ③이루다 这个 ④목표。
yídìng néng ③ ____ zhège ④ ____.
반드시 이 목표를 이룰 수 있다고 믿어요.

정답 | ① 希望(xīwàng) ② 努力(nǔlì) ③ 实现(shíxiàn) ④ 目标(mùbiāo)

단어 | 成为 chéngwéi 동 ~이 되다 简单 jiǎndān 형 쉽다, 간단하다 相信 xiāngxìn 동 믿다

2편

삶을 채우는 소중한 순간

- 일상 · 여가 · 운동

07 일차

생활 습관·집안일

MP3 바로듣기

숨은그림찾기 오늘 배울 단어 5개를 찾아보세요.

刷牙	洗澡	读书	打扫	垃圾
양치하다	샤워하다	독서하다	청소하다	쓰레기

정답확인

* = HSK 필수단어

01
生活*
shēnghuó
쓰엉후어

명 생활, 삶

我的生活很简单。
Wǒ de shēnghuó hěn jiǎndān.
워 떠 쓰엉후어 흐언 찌엔따안.

저의 생활은 단순해요.

02
习惯*
xíguàn
씨꾸안

명 습관

早睡早起是个好习惯。
Zǎo shuì zǎo qǐ shì ge hǎo xíguàn.
짜오 쑤에이 짜오 치 쓸 끄어 하오 씨꾸안.

일찍 자고 일찍 일어나는 것은 좋은 습관이에요.

03
家务*
jiāwù
찌아우

명 집안일, 가사

我很喜欢做家务，特别是洗碗。
Wǒ hěn xǐhuan zuò jiāwù, tèbié shì xǐ wǎn.
워 흐언 씨후안 쭈어 찌아우, 트어삐에 쓸 씨 완.

저는 집안일하는 걸 정말 좋아해요. 특히 설거지하는 거요.

04
日常*
rìcháng
르차앙

명 일상

日常习惯很难改。
Rìcháng xíguàn hěn nán gǎi.
르차앙 씨꾸안 흐언 나안 까이.

일상적인 습관은 바꾸기 어려워요.

05
起床*

qǐchuáng
치츄앙

[동] 일어나다

我每天早上七点起床。
Wǒ měitiān zǎoshang qī diǎn qǐchuáng.
워 메이티엔 짜오샤앙 치 띠엔 치츄앙.

저는 매일 아침 7시에 일어나요.

06
刷牙

shuā yá
쓔아 야

양치하다

TIP
刷牙를 거꾸로 하면 牙刷(yáshuā), 칫솔이라는 뜻이에요.

我吃完饭马上就刷牙。
Wǒ chīwán fàn mǎshàng jiù shuā yá.
워 츨완 ⓕ아안 마샤앙 찌어우 쓔아 야.

저는 밥을 먹고 바로 양치를 해요.

07
洗脸

xǐ liǎn
씨 리엔

세수하다

TIP
洗脸은 '씻다'라는 뜻의 洗와 '얼굴'이라는 뜻의 脸이 합쳐진 단어예요.

用温水洗脸比较好。
Yòng wēnshuǐ xǐ liǎn bǐjiào hǎo.
용 원쓔에이 씨 리엔 삐찌아오 하오.

미지근한 물로 세수하는 것이 비교적 좋아요.

08
洗澡*

xǐzǎo
씨짜오

[동] 샤워하다

我一般睡觉前洗澡。
Wǒ yìbān shuìjiào qián xǐzǎo.
워 이빠안 쓔에이찌아오 치엔 씨짜오.

저는 보통 자기 전에 샤워해요.

09
吃饭

chīfàn
츨ⓕ아안

㊍동 밥을 먹다

我们周末晚上通常会出去**吃饭**。
Wǒmen zhōumò wǎnshang tōngcháng huì chūqu chīfàn.
워므언 쩌우모어 완쌰앙 토옹차앙 후어이 츄취 츨ⓕ아안.

우리는 주말 저녁에 보통 밖에 나가서 **밥을 먹어요**.

10
做菜

zuò cài
쭈어 차이

요리하다, 음식을 만들다

TIP
做菜에서 菜는 '요리, 음식'이라는 뜻의 단어예요.

我不会**做菜**。
Wǒ bú huì zuò cài.
워 뿌 후에이 쭈어 차이.

저는 **요리**를 할 줄 몰라요.

11
买菜

mǎi cài
마이 차이

장을 보다, 찬거리를 사다

我一般在网上**买菜**。
Wǒ yìbān zài wǎngshàng mǎi cài.
워 이빠안 짜이 왕쌰앙 마이 차이.

저는 보통 인터넷으로 **장을 보요**.

12
读书 *

dúshū
뚜쓔

㊍동 독서하다, 공부하다

我有空就会在家**读书**。
Wǒ yǒu kòng jiù huì zài jiā dúshū.
워 여우 코옹 찌어우 후에이 짜이 찌아 뚜쓔.

저는 틈만 나면 집에서 **독서를 해요**.

13
日记*
rìjì
르찌

명 일기

我妹妹从小学开始就每天写日记了。
Wǒ mèimei cóng xiǎoxué kāishǐ jiù měitiān xiě rìjì le.
워 메이메이 총 씨아오쉬에 카이쓸 찌어우 메이티엔 씨에 르찌 러.

제 여동생은 초등학교 때부터 매일 일기를 썼어요.

14
冥想
míngxiǎng
밍씨앙

동 명상하다

我起床后会冥想十分钟。
Wǒ qǐchuáng hòu huì míngxiǎng shí fēnzhōng.
워 치츄앙 허우 후에이 밍씨앙 쓸 f언쭁옹.

저는 일어난 후에 10분간 명상해요.

15
休息*
xiūxi
씨어우씨

동 쉬다, 휴식하다

休息的时候我经常听音乐。
Xiūxi de shíhou wǒ jīngcháng tīng yīnyuè.
씨어우씨 떠 쓸허우 워 찌잉챵앙 티잉 인위에.

쉴 때 저는 음악을 자주 들어요.

16
睡觉*
shuìjiào
쓔에이찌아오

동 (잠을) 자다

我今天想早点儿睡觉。
Wǒ jīntiān xiǎng zǎo diǎnr shuìjiào.
워 찌인티엔 씨앙 짜오 띠알 쓔에이찌아오.

저는 오늘 조금 일찍 자고 싶어요.

✱ = HSK 필수단어

17
闹钟 ✱
nàozhōng
나오쫑

명 알람, 알람 시계

我通常设三个闹钟。
Wǒ tōngcháng shè sān ge nàozhōng.
워 토옹차앙 쓰어 싸안 끄어 나오쫑.

저는 보통 알람을 3개 맞춰요.

18
打扫 ✱
dǎsǎo
따싸오

동 청소하다

TIP
'대청소'는 大扫除(dàsǎochú)라고 해요.

我打算周末打扫房间。
Wǒ dǎsuan zhōumò dǎsǎo fángjiān.
워 따쑤안 쪄우모어 따싸오 f아앙찌엔.

저는 주말에 방을 청소할 계획이에요.

19
擦 ✱
cā
차

동 닦다

你擦一下桌子上的灰尘。
Nǐ cā yíxià zhuōzi shang de huīchén.
니 차 이씨아 쭈어쯔 쌰앙 떠 후에이츠언.

책상 위의 먼지를 좀 닦아주세요.

20
整理 ✱
zhěnglǐ
쯔엉리

동 정리하다

TIP
整理와 비슷한 말로 收拾(shōushi)이 있으며 '치우다, 정돈하다'라는 뜻이에요.

我们整理一下衣柜吧。
Wǒmen zhěnglǐ yíxià yīguì ba
워므언 쯔엉리 이씨아 이꾸에이 빠.

우리 옷장 좀 정리해요.

21
修理 *
xiūlǐ
씨어우리

동 수리하다

我很会修理各种家电。
Wǒ hěn huì xiūlǐ gè zhǒng jiādiàn.
워 흐언 후에이 씨어우리 끄어 죠옹 찌아띠엔.

저는 각종 가전제품 수리를 잘해요.

22
洗碗
xǐ wǎn
씨 완

설거지하다

用热水洗碗更干净。
Yòng rè shuǐ xǐ wǎn gèng gānjìng.
용 르어 쉐이 씨 완 끄엉 까안찌잉.

뜨거운 물로 설거지하면 더 깨끗해요.

23
洗衣服
xǐ yīfu
씨 이푸

세탁하다

我去自助洗衣店洗衣服。
Wǒ qù zìzhù xǐyīdiàn xǐ yīfu.
워 취 쯔쮸 씨이띠엔 씨 이푸.

저는 코인 세탁방에 세탁하러 가요.

24
叠 *
dié
띠에

동 (옷, 이불 등을) 개다, 접다

出门前我要把衣服叠好。
Chūmén qián wǒ yào bǎ yīfu diéhǎo.
츄므언 치엔 워 야오 빠 이푸 띠에하오.

외출하기 전에 옷을 다 갤 거예요.

* = HSK 필수단어

25
晾 *
liàng
리앙

동 (햇볕에) 널다, 말리다

晾衣服要选好天气。
Liàng yīfu yào xuǎnhǎo tiānqì.
리앙 이ⓕ우 야오 쒸엔하오 티엔치.

옷을 널 때는 날씨를 잘 골라야 해요.

26
扔 *
rēng
르엉

동 버리다, 던지다

我每到换季的时候就扔旧衣服。
Wǒ měi dào huànjì de shíhou jiù rēng jiù yīfu.
워 메이 따오 후안찌 떠 쓸허우 찌어으 르엉 찌어우 이ⓕ우.

저는 계절이 바뀔 때마다 낡은 옷을 버려요.

27
垃圾 *
lājī
라찌

명 쓰레기

垃圾要及时扔掉。
Lājī yào jíshí rēngdiào.
라찌 야오 찌쓸 르엉띠아오.

쓰레기는 제때 버려야 해요.

28
垃圾分类
lājī fēnlèi
라찌 ⓕ으언레이

명 쓰레기 분리수거

做垃圾分类可以保护环境。
Zuò lājī fēnlèi kěyǐ bǎohù huánjìng.
쭈어 라찌 ⓕ으언레이 크어이 빠오후 흐안찌잉.

쓰레기 분리수거를 하면 환경을 보호할 수 있어요.

29
准备*
zhǔnbèi
쥬언뻬이

동 준비하다

准备好了吗?
Zhǔnbèi hǎole ma?
쥬언뻬이 하오러 마?

준비 다 됐어요?

30
确认*
quèrèn
취에르언

동 확인하다

请再确认一下。
Qǐng zài quèrèn yíxià.
치잉 짜이 취에르언 이씨아.

다시 한 번 확인해주세요.

31
计划*
jìhuà
찌후아

명 계획 동 계획하다

我提前做好计划才能放心。
Wǒ tíqián zuòhǎo jìhuà cái néng fàngxīn.
워 티치엔 쭈어하오 찌후아 차이 느엉 ⓕ아앙씨인.

저는 미리 계획을 다 해야 비로소 안심할 수 있어요.

32
反复*
fǎnfù
ⓕ아안ⓕ우

부 반복해서 동 반복하다

重要的日程我都会反复确认。
Zhòngyào de rìchéng wǒ dōu huì fǎnfù quèrèn.
쪼옹야오 떠 르츠엉 워 떠우 후에이 ⓕ아안ⓕ우 취에르언.

저는 중요한 일정은 반복해서 확인해요.

라이브 스몰톡

빈칸의 한국어를 중국어로 바꾸면서 직접 말해보세요.

MP3 바로듣기

나

快 ①일어나다 吧！今天我们要 ②청소하다 家里。
Kuài ① ba! Jīntiān wǒmen yào ② jiāli.
어서 일어나! 오늘 우리 집 청소해야 해.

아들

好的，我要做什么呢？
Hǎo de, wǒ yào zuò shénme ne?
알겠어요. 저 뭐 해야 해요?

나

你要 ③널다 衣服和做 ④쓰레기 분리수거。
Nǐ yào ③ yīfu hé zuò ④ .
너는 빨래 널고 쓰레기 분리수거를 해야 해.

아들

行！首先我去刷牙。
Xíng! Shǒuxiān wǒ qù shuā yá.
좋아요. 우선 저 양치하러 갈게요.

정답 | ① 起床(qǐchuáng) ② 打扫(dǎsǎo) ③ 晾(liàng) ④ 垃圾分类(lājī fēnlèi)

단어 | 家里 jiāli 명 집(안) 行 xíng 형 좋다 首先 shǒuxiān 접 우선

MP3 바로듣기

08 일차

휴대폰·SNS

숨은그림찾기

오늘 배울 단어 5개를 찾아보세요.

手机	屏幕	耳机	蓝牙	点赞
휴대폰	액정, 화면	이어폰, 헤드폰	블루투스	'좋아요·공감'을 누르다

∗ = HSK 필수단어

01
手机 *
shǒujī
쎠우찌

명 휴대폰

你的手机号是多少?
Nǐ de shǒujī hào shì duōshao?
니 떠 쎠우찌 하오 쓸 뚜어쌰오?

당신 휴대폰 번호가 몇 번이에요?

02
社交媒体
shèjiāo méitǐ
쓰어찌아오 메이티

명 SNS, 소셜 미디어

你平时用什么社交媒体?
Nǐ píngshí yòng shénme shèjiāo méitǐ?
니 피잉쓸 용 쓰언므어 쓰어찌아오 메이티?

당신은 평소에 어떤 SNS를 써요?

03
屏幕 *
píngmù
피잉무

명 액정, 화면

我的手机屏幕碎了，需要修理。
Wǒ de shǒujī píngmù suì le, xūyào xiūlǐ.
워 떠 쎠우찌 피잉무 쑤에이 러, 쒸야오 씨어우리.

제 휴대폰 액정이 깨져서, 수리해야 해요.

04
打电话 *
dǎ diànhuà
따 띠엔후아

동 통화하다, 전화를 걸다

我刚才在跟朋友打电话。
Wǒ gāngcái zài gēn péngyou dǎ diànhuà.
워 까앙차이 짜이 끄언 프엉여우 따 띠엔후아.

저는 방금 친구랑 통화하고 있었어요.

08일차
해커스 중국어 첫걸음 단어장

05

充电*

chōngdiàn

쵸옹띠엔

동 충전하다

我手机快没电了，需要**充电**。

Wǒ shǒujī kuài méi diàn le, xūyào chōngdiàn.

워 쎠우찌 쿠아이 메이 띠엔 러, 쒸야오 쵸옹띠엔.

제 휴대폰은 배터리가 거의 다 돼서, **충전해야** 해요.

06

充电器

chōngdiànqì

쵸옹띠엔치

명 충전기

我手机用不了这个**充电器**。

Wǒ shǒujī yòng bu liǎo zhège chōngdiànqì.

워 쎠우찌 용 뿌 리아오 쯔어끄어 쵸옹띠엔치.

제 휴대폰은 이 **충전기**를 사용할 수 없어요.

07

耳机*

ěrjī

으얼찌

명 이어폰, 헤드폰

蓝牙**耳机**很方便。

Lányá ěrjī hěn fāngbiàn.

라안야 으얼찌 흐언 ⓕ아앙삐엔.

블루투스 **이어폰**은 아주 편해요.

TIP

蓝牙는 '파란색(blue)'이라는 뜻의 **蓝**과 '치아(tooth)'라는 뜻의 **牙**가 합쳐진 단어예요.

08

蓝牙

lányá

라안야

명 블루투스

你打开**蓝牙**了吗？

Nǐ dǎkāi lányá le ma?

니 따카이 라안야 러 마?

블루투스 켰어요?

09
流量 *
liúliàng
리어우리앙

명 (휴대폰의) 데이터

我这个月流量不够用。
Wǒ zhège yuè liúliàng bú gòu yòng.
워 쯔어끄어 위에 리어우리앙 뿌 꺼우 용.

제 이번 달 데이터는 사용하기 부족해요.

10
搜 *
sōu
써우

동 검색하다

等等，我来搜一下。
Děngdeng, wǒ lái sōu yíxià.
뜨엉뜨엉, 워 라이 써우 이씨아.

기다려 보세요. 제가 검색해 볼게요.

11
保存 *
bǎocún
빠오추언

동 저장하다, 보존하다

照片保存在哪儿了?
Zhàopiàn bǎocún zài nǎr le?
쨔오피엔 빠오추언 짜이 나알 러?

사진이 어디에 저장됐나요?

12
下载 *
xiàzài
씨아짜이

동 다운로드하다

下载完成了吗?
Xiàzài wánchéngle ma?
씨아짜이 완츠엉러 마?

다운로드가 완료됐나요?

13

删除*

shānchú
싸안추

동 삭제하다

删除的照片怎么恢复?
Shānchú de zhàopiàn zěnme huīfù?
싸안추 떠 짜오피엔 쯔언므어 후에이우?

삭제한 사진은 어떻게 복구해요?

14

更新*

gēngxīn
끄엉씨인

동 업데이트하다

更新后更不好用了。
Gēngxīn hòu gèng bù hǎo yòng le.
끄엉씨인 허우 끄엉 뿌 하오 용 러.

업데이트하고 나니 더 쓰기 불편해졌어요.

15

头像

tóuxiàng
터우씨앙

명 프사(프로필 사진)

头像太好看了! 这是哪里?
Tóuxiàng tài hǎokàn le! Zhè shì nǎli?
터우씨앙 타이 하오카안 러! 쯔어 쓸 나리?

프사가 너무 예뻐요! 여기는 어디에요?

16

自拍

zìpāi
쯔파이

동 셀카를 찍다

我不喜欢**自拍**。
Wǒ bù xǐhuan zìpāi.
워 뿌 씨후안 쯔파이.

저는 **셀카 찍는 걸** 좋아하지 않아요.

> **TIP**
> **自拍**는 '스스로'라는 뜻의 **自**와 '찍다, 촬영하다'라는 뜻의 **拍**가 합쳐진 단어예요.

∗ = HSK 필수단어

17
语音*
yǔyīn
위인

명 음성 메시지

TIP
중국에서는 메신저로 음성 메시지를 보내는 경우가 매우 많아요.

语音比打字方便多了。
Yǔyīn bǐ dǎ zì fāngbiàn duō le.
위인 삐 따 쯔 ⓕ앙삐엔 뚜어 러.

음성 메시지가 글자를 입력하는 것보다 훨씬 편해요.

18
群聊
qúnliáo
췬리아오

명 단체 채팅방

我们建一个群聊讨论吧。
Wǒmen jiàn yí ge qúnliáo tǎolùn ba.
워므언 찌엔 이 끄어 췬리아오 타오루언 빠.

우리 단체 채팅방을 만들어서 토론해요.

19
回复*
huífù
후에이ⓕ우

동 답장하다

快点儿回复我的信息。
Kuàidiǎnr huífù wǒ de xìnxī.
쿠아이띠알 후에이ⓕ우 워 떠 씨인씨.

빨리 제 메시지에 답장해 주세요.

20
已读不回
yǐ dú bù huí
이 뚜 뿌 후에이

읽었는데 답장을 하지 않다

TIP
'안 읽고 답장을 하지 않다'는 不读不回(bù dú bù huí)예요.

他总是已读不回，很气人。
Tā zǒngshì yǐ dú bù huí, hěn qì rén.
타 쪼옹쓸 이 뚜 뿌 후에이, 흐언 치 르언.

그는 항상 읽었는데 답장을 하지 않아서, 짜증나요.

21
加*
jiā
찌아

동 (SNS 친구를) 추가하다, 더하다

我们加个微信吧。
Wǒmen jiā ge Wēixìn ba.
워먼 찌아 끄어 웨이씨인 빠.

우리 위챗 추가해요.

22
微信
Wēixìn
웨이씨인

명 위챗[중국의 메신저 프로그램]

我刚才用微信发给你了，你看一下。
Wǒ gāngcái yòng Wēixìn fāgěi nǐ le, nǐ kàn yíxià.
워 까앙차이 용 웨이씨인 f아께이 니 러, 니 카안 이씨아.

제가 방금 위챗으로 보냈어요. 확인해 보세요.

23
小红书
Xiǎohóngshū
씨아오호옹쓔

명 샤오홍슈[중국의 유명 SNS]

你的小红书账号是什么？
Nǐ de Xiǎohóngshū zhànghào shì shénme?
니 떠 씨아오호옹쓔 짜앙하오 쓸 쓰언므어?

당신의 샤오홍슈 계정이 뭐예요?

24
网红
wǎnghóng
왕호옹

명 인플루언서, 왕훙

这个网红的影响力真是太大了。
Zhège wǎnghóng de yǐngxiǎnglì zhēn shì tài dà le.
쯔어끄어 왕호옹 떠 잉씨앙리 쯔언 쓸 타이 따 러.

이 인플루언서의 영향력은 정말 너무 커요.

* = HSK 필수단어

TIP
账号는 'SNS 계정'이라는 뜻 이외에도 '은행 계좌 번호'라는 뜻도 있어요.

25
账号 *
zhànghào
짜앙하오

명 (SNS의) 계정

我的账号被盗了。
Wǒ de zhànghào bèi dào le.
워 떠 짜앙하오 뻬이 따오 러.

제 계정이 해킹당했어요.

26
密码 *
mìmǎ
미마

명 비밀번호

我忘记密码了，怎么办?
Wǒ wàngjì mìmǎ le, zěnme bàn?
워 왕찌 미마 러, 쯔언므어 빠안?

제가 비밀번호를 잊어버렸는데, 어떡하죠?

27
短视频
duǎnshìpín
뚜안쓰피인

명 숏폼, 짧은 동영상

做短视频很简单，你也行。
Zuò duǎnshìpín hěn jiǎndān, nǐ yě xíng.
쭈어 뚜안쓰피인 흐언 찌엔따안, 니 예 씨잉.

숏폼 만드는 것은 간단해요. 당신도 할 수 있어요.

28
关注 *
guānzhù
꾸안쮸

동 팔로우하다, 구독하다

关注我的账号吧。
Guānzhù wǒ de zhànghào ba
꾸안쮸 워 떠 짜앙하오 빠.

제 계정을 팔로우해 주세요.

29
点赞*
diǎn zàn
띠엔 짜안

'좋아요·공감'을 누르다

她给我的帖子点赞了。
Tā gěi wǒ de tiězi diǎn zàn le.
타 께이 워 떠 티에쯔 띠엔 짜안 러.

그녀가 제 게시물에 '좋아요'를 눌렀어요.

30
分享*
fēnxiǎng
ㅍ언씨앙

동 공유하다, 함께 나누다

我把这个链接分享给你。
Wǒ bǎ zhège liànjiē fēnxiǎng gěi nǐ.
워 빠 쯔어끄어 리엔찌에 ㅍ언씨앙 께이 니.

제가 이 링크를 공유해 줄게요.

31
点击量
diǎnjīliàng
띠엔찌리앙

명 조회수

这个短视频的点击量破万了。
Zhège duǎnshìpín de diǎnjīliàng pò wàn le.
쯔어끄어 뚜안쓸피인 떠 띠엔찌리앙 포어 완 러.

이 숏폼의 조회수가 만 명을 돌파했어요.

32
评论*
pínglùn
피잉루언

명 댓글, 리뷰

评论区很热闹。
Pínglùn qū hěn rènao.
피잉루언 취 흐언 르어나오.

댓글란이 아주 시끌벅적해요.

라이브 스몰톡

빈칸의 한국어를 중국어로 바꾸면서 직접 말해보세요.

MP3 바로듣기

나

我在 ①위챗 上给你发了一个 ②숏폼，你快看看。
Wǒ zài ① ______ shang gěi nǐ fāle yí ge ② ______, nǐ kuài kànkan.
내가 위챗에 숏폼 하나를 보냈어. 빨리 봐봐.

친구

是吗？我看看！
Shì ma? Wǒ kànkan!
그래? 한번 볼게!

[잠시 후]

친구

哇！这个人是谁？
Wā! Zhège rén shì shéi?
와! 이 사람은 누구야?

나

她是个很有名的 ③인플루언서，
Tā shì ge hěn yǒumíng de ③ ______,
그녀는 유명한 인플루언서야.

很多人都给她 ④'좋아요'를 누르다。
hěn duō rén dōu gěi tā ④ ______.
많은 사람들이 그녀에게 '좋아요'를 눌러줬어.

정답 | ① 微信(Wēixìn) ② 短视频(duǎnshìpín) ③ 网红(wǎnghóng) ④ 点赞(diǎn zàn)

단어 | 发 fā 동 보내다　有名 yǒumíng 형 유명하다

09 일차

약속·외출

MP3 바로듣기

숨은그림찾기 오늘 배울 단어 5개를 찾아보세요.

时间	出门	约	打扮	地方
시간	외출하다, 나가다	약속하다	꾸미다, 치장하다	장소, 곳

정답확인

01
约*
yuē
위에

동 약속하다

我们约好明天见面。
Wǒmen yuēhǎo míngtiān jiànmiàn.
워므언 위에하오 미잉티엔 찌엔미엔.

우리는 내일 만나기로 약속했어요.

02
出门*
chūmén
츄므언

동 외출하다, 나가다

出门要记得带雨伞。
Chūmén yào jìde dài yǔsǎn.
츄므언 야오 찌뜨어 따이 위싸안.

외출할 때 우산 가져가는 거 잊지 마세요.

03
时间*
shíjiān
쓸찌엔

명 시간

我那天没有时间。
Wǒ nà tiān méiyǒu shíjiān.
워 나 티엔 메이여우 쓸찌엔.

저 그날은 시간 안 돼요.

04
空*
kòng
코옹

명 시간, 겨를, 틈

你什么时候有空?
Nǐ shénme shíhou yǒu kòng?
니 쓰언므어 쓸허우 여우 코옹?

언제 시간 있어요?

TIP
空은 아무런 일정이 없어 여유 있는 시간을 의미하고, **时间**은 시간 자체를 의미해요.

05

一起*

yìqǐ
이치

㈜ 같이, 함께

我们**一起**吃饭吧。
Wǒmen yìqǐ chīfàn ba.
워므언 이치 츨ⓕ아안 빠.

우리 **같이** 밥 먹어요.

06

见面*

jiànmiàn
찌엔미엔

동 만나다

我们多长时间没**见面**了?
Wǒmen duō cháng shíjiān méi jiànmiàn le?
워므언 뚜어 챠앙 쓸찌엔 메이 찌엔미엔 러?

우리 얼마 만에 **만나는** 거죠?

TIP
见面 뒤에 목적어가 올 수 없어요. '~와 만나다'를 말하고 싶을 때는 '跟(gēn)+사람+见面'이라고 하면 돼요.

07

定*

dìng
띠잉

동 정하다

我们看情况而**定**吧。
Wǒmen kàn qíngkuàng ér dìng ba.
워므언 카안 치잉쿠앙 으얼 띠잉 빠.

우리 상황을 봐서 **정해요**.

08

安排*

ānpái
아안파이

동 조정하다, 계획하다, 준비하다

这周我可以**安排**一下时间。
Zhè zhōu wǒ kěyǐ ānpái yíxià shíjiān.
쯔어 쪄우 워 크어이 아안파이 이씨아 쓸찌엔.

이번 주는 제가 시간을 **조정할** 수 있어요.

09
周末 *
zhōumò
쩌우모어

명 주말

这个周末我们一起去看电影吧。
Zhège zhōumò wǒmen yìqǐ qù kàn diànyǐng ba.
쯔어끄어 쩌우모어 워므언 이치 취 카안 띠엔잉 빠.

이번 주말에 우리 같이 영화 보러 가요.

10
改天 *
gǎitiān
까이티엔

부 다음에, 다른 날

今天我有事，改天见吧。
Jīntiān wǒ yǒu shì, gǎitiān jiàn ba.
찌인티엔 워 여우 쓸, 까이티엔 찌엔 빠.

오늘 제가 일이 있어서, 다음에 만나요.

11
总是 *
zǒngshì
쪼옹쓸

부 항상, 늘

他总是会提前到约会地点，从来不迟到。
Tā zǒngshì huì tíqián dào yuēhuì dìdiǎn, cónglái bù chídào.
타 쪼옹쓸 후에이 티치엔 따오 위에후에이 띠띠엔, 초옹라이 뿌 츨따오.

그는 항상 약속 장소에 일찍 도착해서, 늦은 적이 없어요.

12
陪 *
péi
페이

동 함께하다, 동반하다

你能陪我一起去散散步吗?
Nǐ néng péi wǒ yìqǐ qù sànsan bù ma?
니 느엉 페이 워 이치 취 싸안싸안 뿌 마?

저랑 함께 산책하러 같이 갈래요?

TIP

'파티'라는 뜻의 派对(pàiduì)도 자주 써요. 派对는 영어 party의 발음을 중국어로 옮긴 말이에요.

13
聚会*
jùhuì
쮜후에이

명 모임, 파티 동 모이다

今天晚上有个小**聚会**。
Jīntiān wǎnshang yǒu ge xiǎo jùhuì.
찌인티엔 완쌰앙 여우 끄어 씨아오 쮜후에이.

오늘 밤에 작은 **모임**이 있어요.

14
邀请*
yāoqǐng
야오치잉

동 초대하다, 초청하다

她**邀请**我去她家吃饭。
Tā yāoqǐng wǒ qù tā jiā chīfàn.
타 야오치잉 워 취 타 찌아 츠ⓕ아안.

그녀가 저를 그녀 집에 와서 밥 먹으라고 **초대했어요**.

15
打扮*
dǎban
따빠안

동 꾸미다, 치장하다

聚会要不要**打扮**得正式一点儿?
Jùhuì yào bu yào dǎban de zhèngshì yìdiǎnr?
쮜후에이 야오 뿌 야오 따빠안 떠 쯔엉쓸 이띠알?

모임에 좀 더 격식 있게 **꾸며야** 할까요?

16
联系*
liánxì
리엔씨

동 연락하다, 연결하다

你方便的时候**联系**我。
Nǐ fāngbiàn de shíhou liánxì wǒ.
니 ⓕ아앙삐엔 떠 쓸허우 리엔씨 워.

편하실 때 제게 **연락주세요**.

17
顺便 *
shùnbiàn
쓔언삐엔

부 겸사겸사, ~하는 김에

我们顺便定一下下次见面的时间吧。
Wǒmen shùnbiàn dìng yíxià xià cì jiànmiàn de shíjiān ba.
워므언 쓔언삐엔 띠잉 이씨아 씨아 츠 찌엔미엔 뜨어 쓸찌엔 빠.

우리 겸사겸사 다음에 만날 시간도 정해요.

18
准时 *
zhǔnshí
쮸언쓸

형 시간을 잘 지키다, 정시에

他总是很准时。
Tā zǒngshì hěn zhǔnshí.
타 쪼옹쓸 흐언 쮸언쓸.

그는 항상 시간을 잘 지켜요.

19
提前 *
tíqián
티치엔

동 미리 ~하다, (시간을) 앞당기다

你能提前来吗?
Nǐ néng tíqián lái ma?
니 느엉 티치엔 라이 마?

미리 올 수 있어요?

20
推迟 *
tuīchí
투에이츨

동 (시간을) 미루다

聚会因为下雨推迟了。
Jùhuì yīnwèi xiàyǔ tuīchí le.
쮜후에이 인웨이 씨아위 투에이츨 러.

모임이 비가 오는 바람에 미뤄졌어요.

21
到 *

dào
따오

동 도착하다

我快要到了。
Wǒ kuài yào dào le.
워 쿠아이 야오 따오 러.

저는 곧 도착해요.

22
地方 *

dìfang
띠ⓕ아앙

명 장소, 곳

明天我会直接去约定的地方。
Míngtiān wǒ huì zhíjiē qù yuēdìng de dìfang.
미잉티엔 워 후에이 쯔찌에 취 위에띠잉 떠 띠ⓕ아앙.

내일 저는 바로 약속 장소로 갈게요.

23
对面 *

duìmiàn
뚜에이미엔

명 맞은편

我就在对面，马上过去。
Wǒ jiù zài duìmiàn, mǎshàng guòqu.
워 찌어우 짜이 뚜에이미엔, 마쌰앙 꾸어취.

저는 바로 맞은편에 있어요. 곧 건너갈게요.

24
门口 *

ménkǒu
므언커우

명 입구, 현관

我们在餐厅门口排队呢。
Wǒmen zài cāntīng ménkǒu páiduì ne.
워므언 짜이 차안티잉 므언커우 파이뚜에이 느어.

우리는 식당 입구에서 줄을 서고 있어요.

25
等 *
děng
뜨엉

동 기다리다 조 등, 따위

我在门口等你。
Wǒ zài ménkǒu děng nǐ.
워 짜이 므언커우 뜨엉 니.

저는 입구에서 기다리고 있어요.

26
久 *
jiǔ
찌어우

형 오래다, (시간이) 길다

你等很久了吗?
Nǐ děng hěn jiǔ le ma?
니 뜨엉 흐언 찌어우 러 마?

오래 기다렸어요?

27
马上 *
mǎshàng
마쌰앙

부 바로, 곧

我们马上出发吧。
Wǒmen mǎshàng chūfā ba.
워므언 마쌰앙 츄ⓕ아 빠.

우리 바로 출발해요.

28
迟到 *
chídào
츠따오

동 늦게 오다, 지각하다

对不起，我迟到了。
Duìbuqǐ, wǒ chídào le.
뚜에이뿌치, 워 츠따오 러.

죄송해요. 늦었어요.

29
附近 *
fùjìn
푸찌인

명 근처, 부근

附近有个很适合散步的公园。
Fùjìn yǒu ge hěn shìhé sànbù de gōngyuán.
푸찌인 여우 끄어 흐언 쓸흐어 싸안뿌 뜨어 꼬옹위엔.

근처에 산책하기 알맞은 공원이 있어요.

30
突然 *
tūrán
투라안

부 갑자기

他突然改变了计划。
Tā tūrán gǎibiànle jìhuà.
타 투라안 까이삐엔러 찌후아.

그가 갑자기 계획을 바꿨어요.

31
取消 *
qǔxiāo
취씨아오

동 취소하다

她取消了明天的预约。
Tā qǔxiāole míngtiān de yùyuē.
타 취씨아오러 미잉티엔 뜨어 위위에.

그녀가 내일 예약을 취소했어요.

32
拒绝 *
jùjué
쮜쮜에

동 거절하다

我不是故意拒绝的，只是没时间。
Wǒ bú shì gùyì jùjué de, zhǐshì méi shíjiān.
워 뿌 쓸 꾸이 쮜쮜에 뜨어, 쯜쓸 메이 쓸찌엔.

일부러 거절한 건 아니고, 단지 시간이 없었어요.

라이브 스몰톡

빈칸의 한국어를 중국어로 바꾸면서 직접 말해보세요.

MP3 바로듣기

나

对不起，我 ①갑자기 有事，我们能不能 ②다른 날 见面？
Duìbuqǐ, wǒ ① ______ yǒu shì, wǒmen néng bu néng ② ______ jiànmiàn?
미안해. 내가 갑자기 일이 생겼는데, 우리 다른 날에 만나도 될까?

친구

没关系，你什么时候方便呢？
Méi guānxi, nǐ shénme shíhou fāngbiàn ne?
괜찮아. 너 언제가 편해?

나

下星期三怎么样？那天我有 ③시간。
Xià xīngqīsān zěnmeyàng? Nà tiān wǒ yǒu ③ ______.
다음 주 수요일은 어때? 그날 나 시간 있어.

친구

好的，那么下周我们再联系。
Hǎo de, nàme xià zhōu wǒmen zài liánxì.
알겠어. 그럼 다음 주에 다시 연락하자.

정답 | ① 突然(tūrán) ② 改天(gǎitiān) ③ 时间(shíjiān)/空 kòng

단어 | 事 shì 명 일 方便 fāngbiàn 형 편하다 那么 nàme 접 그럼

09일차

해커스 중국어 첫걸음 단어장

10 일차

MP3 바로듣기

연애·결혼·육아

숨은그림찾기

오늘 배울 단어 5개를 찾아보세요.

分手	亲吻	嫉妒	怀孕	奶瓶
헤어지다	뽀뽀하다	질투하다	임신하다	젖병

정답확인

01
谈恋爱
tán liàn'ài
타안 리엔아이

연애하다

她最近在谈恋爱。
Tā zuìjìn zài tán liàn'ài.
타 쭈에이찌인 짜이 타안 리엔아이.

그녀는 요즘 연애해요.

02
结婚 *
jiéhūn
찌에후언

동 결혼하다

你打算什么时候结婚?
Nǐ dǎsuan shénme shíhou jiéhūn?
니 따쑤안 쓰언므어 쓸허우 찌에후언?

언제쯤 결혼할 계획이에요?

03
表白 *
biǎobái
삐아오빠이

동 고백하다

我明天要向她表白。
Wǒ míngtiān yào xiàng tā biǎobái.
워 미잉티엔 야오 씨앙 타 삐아오빠이.

저는 내일 그녀에게 고백할 거예요.

04
交往 *
jiāowǎng
찌아오왕

동 사귀다, 교제하다

TIP
'함께 있다'라는 뜻의 在一起(zài yìqǐ)도 '사귀다'라는 뜻으로 자주 쓰여요.

我们是从去年开始交往的。
Wǒmen shì cóng qùnián kāishǐ jiāowǎng de.
워므언 쓸 초옹 취니엔 카이쓸 찌아오왕 뜨어.

우리는 작년부터 사귀기 시작했어요.

05

介绍*

jièshào
찌에쌰오

동 소개하다

我们是通过朋友**介绍**认识的。
Wǒmen shì tōngguò péngyou jièshào rènshi de.
워먼 쓸 토옹꾸어 프엉여우 찌에쌰오 르언쓸 떠.

우리는 친구 **소개**로 만났어요.

06

分手*

fēnshǒu
ⓕ언쎠우

동 헤어지다

你为什么要跟他**分手**?
Nǐ wèishénme yào gēn tā fēnshǒu?
니 웨이쓰언므어 야오 끄언 타 ⓕ언쎠우?

왜 그와 **헤어지려고** 하는 거예요?

07

被甩

bèi shuǎi
뻬이 쓔아이

차이다

听说她又**被甩**了。
Tīngshuō tā yòu bèi shuǎi le.
티잉쓔어 타 여우 뻬이 쓔아이 러.

듣자 하니 그녀가 또 **차였**대요.

08

单身*

dānshēn
따안쓰언

명 솔로, 독신

最近**单身**的人越来越多了。
Zuìjìn dānshēn de rén yuèláiyuè duō le.
쭈에이찌인 따안쓰언 떠 르언 위에라이위에 뚜어 러.

요즘 **솔로**인 사람들이 점점 많아지고 있어요.

TIP
单身의 반대말은 情侣(qínglǚ, 커플/연인)이에요.

09
暧昧 *
àimèi
아이메이

명 썸 형 애매모호하다

他们正处在暧昧期。
Tāmen zhèng chǔzài àimèi qī.
타므언 쯔엉 츄짜이 아이메이 치.

그들은 썸 타고 있어요.

10
约会 *
yuēhuì
위에후에이

동 데이트하다 명 데이트, 약속

我第一次约会的时候很紧张。
Wǒ dìyī cì yuēhuì de shíhou hěn jǐnzhāng.
워 띠이 츠 위에후에이 떠 쓸허우 흐언 찌인짜앙.

저는 첫 번째 데이트할 때 정말 긴장했어요.

11
送 *
sòng
쏘옹

동 데려다주다, 주다, 선물하다

谢谢你送我回家。
Xièxie nǐ sòng wǒ huíjiā.
씨에씨에 니 쏘옹 워 후에이찌아.

집에 데려다줘서 고마워요.

12
牵手
qiānshǒu
치엔셔우

동 손잡다

她主动跟我牵手了。
Tā zhǔdòng gēn wǒ qiānshǒu le.
타 쮸또옹 끄언 워 치엔셔우 러.

그녀가 먼저 제 손을 잡았어요.

13
拥抱*
yōngbào
용빠오

동 포옹하다

他给了我一个温暖的拥抱。
Tā gěile wǒ yí ge wēnnuǎn de yōngbào.
타 께이러 워 이 끄어 원누안 떠 용빠오.

그가 저에게 따뜻한 포옹을 해주었어요.

14
接吻
jiēwěn
찌에원

동 키스하다, 입맞춤하다

接吻让我心跳加速。
Jiēwěn ràng wǒ xīntiào jiāsù.
찌에원 라앙 워 씨인티아오 찌아쑤.

키스는 제 심장이 뛰는 속도를 빠르게 해요.

15
亲吻
qīnwěn
치인원

동 뽀뽀하다

亲吻是爱的表达。
Qīnwěn shì ài de biǎodá.
치인원 쓸 아이 떠 삐아오따.

뽀뽀는 사랑의 표현이에요.

16
初吻
chūwěn
츄원

명 첫 키스

初吻的感觉很特别。
Chūwěn de gǎnjué hěn tèbié.
츄원 떠 까안쮜에 흐언 트어삐에.

첫 키스의 느낌은 매우 특별해요.

* = HSK 필수단어

17
嫉妒*
jídù
찌뚜

동 질투하다

> **TIP**
> '질투하다'라는 말로 **吃醋**(chīcù)도 자주 써요.

不要嫉妒别人的幸福。
Bú yào jídù biérén de xìngfú.
뿌 야오 찌뚜 삐에르언 더 씨잉푸.

다른 사람의 행복을 질투하지 마세요.

18
吵架*
chǎojià
챠오찌아

동 다투다, 싸우다

> **TIP**
> **吵架**는 말다툼하는 것을 의미하고, **打架**(dǎjià, 싸우다)는 치고박고 싸우는 것을 의미해요.

情侣经常为小事吵架。
Qínglǚ jīngcháng wèi xiǎoshì chǎojià.
치잉뤼 찌잉챵앙 웨이 씨아오쓸 챠오찌아.

연인들은 자주 사소한 일로 다퉈요.

19
和好*
héhǎo
흐어하오

동 화해하다

他们终于和好了。
Tāmen zhōngyú héhǎo le.
타므언 쭁옹위 흐어하오 러.

그들은 드디어 화해했어요.

20
婚礼*
hūnlǐ
후언리

명 결혼식

婚礼定在下个月21号。
Hūnlǐ dìngzài xià ge yuè èrshíyī hào.
후언리 띠잉짜이 씨아 끄어 위에 으얼쓸이 하오.

결혼식은 다음 달 21일로 정해졌어요.

21
纪念日 *
jìniànrì
찌니엔르

명 기념일

他忘记了结婚纪念日。
Tā wàngjìle jiéhūn jìniànrì.
타 왕찌러 찌에후언 찌니엔르.

그가 결혼 기념일을 깜빡했어요.

22
请帖 *
qǐngtiě
치잉티에

명 청첩장, 초대장

我收到了你的请帖， 谢谢。
Wǒ shōudàole nǐ de qǐngtiě, xièxie.
워 셔우따오러 니 더 치잉티에, 씨에씨에.

청첩장 받았어요. 감사해요.

23
蜜月 *
mìyuè
미위에

명 신혼여행

他们去巴厘岛度蜜月。
Tāmen qù Bālídǎo dù mìyuè.
타므언 취 빠리따오 뚜 미위에.

그들은 발리로 신혼여행을 갔어요.

24
怀孕 *
huáiyùn
후아이윈

동 임신하다

她已经怀孕五个月了。
Tā yǐjīng huáiyùn wǔ ge yuè le.
타 이찌잉 후아이윈 우 끄어 위에 러.

그녀는 임신한 지 이미 5개월이 되었어요.

25
生
shēng
쓰엉

동 낳다, 출산하다

我的朋友生孩子了。
Wǒ de péngyou shēng háizi le.
워 떠 프엉여우 쓰엉 하이쯔 러.

제 친구가 아이를 낳았어요.

26
孩子 ＊
háizi
하이쯔

명 아이, 자녀

下个月要给孩子办周岁宴。
Xià ge yuè yào gěi háizi bàn zhōusuìyàn.
씨아 끄어 위에 야오 께이 하이쯔 빠안 쪄우쑤에이옌.

다음 달에 아이 돌잔치를 할 예정이에요.

27
婴儿 ＊
yīng'ér
잉으얼

명 갓난아이, 아기

婴儿需要特别照顾。
Yīng'ér xūyào tèbié zhàogù.
잉으얼 쒸야오 트어삐에 짜오꾸.

갓난아이는 특별한 보살핌이 필요해요.

TIP
자신의 아이를 가리킬 땐 보통 孩子(háizi)를 많이 쓰고, 婴儿은 '영아·신생아'를 지칭하는 말이에요.

28
纸尿裤
zhǐniàokù
쯔니아오쿠

명 기저귀

纸尿裤用完了，得再买一些。
Zhǐniàokù yòngwán le, děi zài mǎi yìxiē.
쯔니아오쿠 용완 러, 떼이 짜이 마이 이씨에.

기저귀를 다 써서 좀 더 사야 해요.

29
奶粉*
nǎifěn
나이f어언

명 분유

冲奶粉的水温要适当。
Chōng nǎifěn de shuǐwēn yào shìdàng.
초옹 나이f어언 떠 쒸에이원 야오 쓸따앙.

분유를 탈 때 물 온도는 적당해야 해요.

30
奶瓶
nǎipíng
나이피잉

명 젖병

奶瓶要经常消毒。
Nǎipíng yào jīngcháng xiāodú.
나이피잉 야오 찌잉챠앙 씨아오뚜.

젖병은 자주 소독해야 해요.

31
双职工
shuāngzhígōng
쑤앙쯜꼬옹

명 맞벌이 부부

现在很多家庭都是双职工。
Xiànzài hěn duō jiātíng dōu shì shuāngzhígōng.
씨엔짜이 흐언 뚜어 찌아티잉 떠우 쓸 쑤앙쯜꼬옹.

지금은 많은 가정이 모두 맞벌이 부부예요.

32
丁克
dīngkè
띠잉크어

명 딩크[아이를 낳지 않는 맞벌이 부부]

在大城市，选择做丁克的人不少。
Zài dàchéngshì, xuǎnzé zuò dīngkè de rén bù shǎo.
짜이 따츠엉쓸, 쒸엔쯔어 쭈어 띠잉크어 떠 르언 뿌 쌰오.

대도시에서, 딩크를 선택하는 사람이 적지 않아요.

라이브 스몰톡

빈칸의 한국어를 중국어로 바꾸면서 직접 말해보세요.

MP3 바로듣기

나

你和女朋友 ①사귀다 多久了?
Nǐ hé nǚpéngyou ① ______ duōjiǔ le?
여자 친구와 사귄 지 얼마나 됐어?

친구

没多久。昨天我们第一次牵手了!
Méi duōjiǔ. Zuótiān wǒmen dìyī cì qiānshǒu le!
오래 안 됐어. 어제 처음으로 손을 잡았어!

나

哇! 谁先 ②고백하다 的? 我是不是能收到 ③청첩장 了?
Wa! Shéi xiān ② ______ de? Wǒ shì bu shì néng shōudào ③ ______ le?
와! 누가 먼저 고백했어? 나 이제 청첩장 받을 수 있는 거야?

친구

是我啊! 我们在一起才一个月呢!
Shì wǒ a! Wǒmen zài yìqǐ cái yí ge yuè ne!
내가 했지! 우리 사귄 지 이제 1개월 됐어!

정답 | ① 交往(jiāowǎng) ② 表白(biǎobái) ③ 请帖(qǐngtiě)

단어 | 昨天 zuótiān 명 어제 收到 shōudào 동 받다 才 cái 부 이제, 겨우

11 일차

여행 · 여가

MP3 바로듣기

숨은그림찾기

오늘 배울 단어 5개를 찾아보세요.

机票	大床房	毛巾	照片	护照
비행기표	더블베드룸	수건	사진	여권

정답확인

✱ = HSK 필수단어

01
旅行 ✱
lǚxíng
뤼씨잉

동 여행하다

我们打算去上海旅行。
Wǒmen dǎsuan qù Shànghǎi lǚxíng.
워므언 따쑤안 취 쌰앙하이 뤼씨잉.

우리는 상하이로 여행을 갈 계획이에요.

TIP
'여행하다'라는 말로 旅游(lǚyóu)도 자주 쓰며 旅行과 용법적으로 거의 차이가 없어요.

02
业余时间
yèyú shíjiān
예위 쓸찌엔

명 여가 시간

你业余时间一般做什么?
Nǐ yèyú shíjiān yìbān zuò shénme?
니 예위 쓸찌엔 이빠안 쭈어 쓰언므어?

당신은 여가 시간에 보통 뭐 해요?

03
度假 ✱
dùjià
뚜찌아

동 휴가를 보내다

上个星期你去哪儿度假了?
Shàng ge xīngqī nǐ qù nǎr dùjià le?
쌰앙 끄어 씨잉치 니 취 나알 뚜찌아 러?

지난주에 어디로 가서 휴가를 보냈어요?

04
出国 ✱
chūguó
츄꾸어

동 출국하다

你明天什么时候出国?
Nǐ míngtiān shénme shíhou chūguó?
니 미잉티엔 쓰언므어 쓸허우 츄꾸어?

내일 언제 출국해요?

05

出发*

chūfā

츄ⓕ아

동 출발하다

我明天早上八点出发。

Wǒ míngtiān zǎoshang bā diǎn chūfā.

워 미잉티엔 짜오쌰앙 빠 띠엔 츄ⓕ아.

저는 내일 아침 8시에 출발해요.

06

自由行

zìyóuxíng

쯔여우씨잉

명 자유 여행

现在很多人都会选择自由行。

Xiànzài hěn duō rén dōu huì xuǎnzé zìyóuxíng.

씨엔짜이 흐언 뚜어 르언 떠우 후에이 쒸엔쯔어 쯔여우씨잉.

요즘 많은 사람들은 모두 자유 여행을 선택해요.

07

跟团游

gēntuányóu

끄언투안여우

명 패키지 여행, 단체 여행

你觉得跟团游好还是自由行好?

Nǐ juéde gēntuányóu hǎo háishi zìyóuxíng hǎo?

니 쮜에뜨어 끄언투안여우 하오 하이쓸 쯔여우씨잉 하오?

패키지 여행이 좋다고 생각해요, 아니면 자유 여행이 좋다고 생각해요?

08

四天三夜

sì tiān sān yè

쓰 티엔 싸안 예

3박 4일

四天三夜可以去很多地方。

Sì tiān sān yè kěyǐ qù hěn duō dìfang.

쓰 티엔 싸안 예 크어이 취 흐언 뚜어 띠ⓕ아앙.

3박 4일이면 많은 곳을 갈 수 있어요.

TIP

1박 2일은 **两天一夜**(liǎng tiān yí yè)이고, 2박 3일은 **三天两夜**(sān tiān liǎng yè)예요.

* = HSK 필수단어

09
有意思 *
yǒu yìsi
여우 이쓰

재미있다, 즐겁다

这次旅行真的很有意思。
Zhè cì lǚxíng zhēn de hěn yǒu yìsi.
쯔어 츠 뤼씽 쯔언 떠 흐언 여우 이쓰.

이번 여행은 정말 재미있었어요.

TIP
'재미있다'라는 말로 有趣(yǒuqù)도 자주 써요.

10
机票 *
jīpiào
찌피아오

명 비행기표

机票买好了吗?
Jīpiào mǎihǎole ma?
찌피아오 마이하오러 마?

비행기표는 샀나요?

TIP
비행기표를 발권한 티켓, 즉 탑승권은 登机牌(dēngjīpái)라고 해요.

11
护照 *
hùzhào
후짜오

명 여권

出发之前别忘了带护照。
Chūfā zhīqián bié wàngle dài hùzhào.
츄f아 쯜치엔 삐에 왕러 따이 후짜오.

출발하기 전에 여권 챙기는 것 잊지 마세요.

12
签证 *
qiānzhèng
치엔쯔엉

명 비자

去这个国家不需要办签证。
Qù zhège guójiā bù xūyào bàn qiānzhèng.
취 쯔어끄어 꾸어찌아 뿌 쒸야오 빠안 치엔쯔엉.

이 나라에 갈 때는 비자를 발급 받을 필요 없어요.

13
第一次
dìyī cì
띠이 츠

처음

这是我第一次坐飞机。
Zhè shì wǒ dìyī cì zuò fēijī.
쯔어 쓸 워 띠이 츠 쭈어 ⓕ에이찌.

이번에 제가 처음으로 비행기를 타요.

14
预订*
yùdìng
위띠잉

동 예약하다

网上预订会比较方便。
Wǎngshàng yùdìng huì bǐjiào fāngbiàn.
왕쌰앙 위띠잉 후에이 삐찌아오 ⓕ아앙삐엔.

온라인 예약은 비교적 편리해요.

15
门票*
ménpiào
므언피아오

명 입장권, 티켓

这个博物馆的门票要提前购买。
Zhège bówùguǎn de ménpiào yào tíqián gòumǎi.
쯔어끄어 뽀어우꾸안 떠 므언피아오 야오 티치엔 꺼우마이.

이 박물관의 입장권은 미리 구매해야 해요.

16
确认单
quèrèndān
취에르언따안

명 확인증

这是预订确认单。
Zhè shì yùdìng quèrèndān.
쯔어 쓸 위띠잉 취에르언따안.

여기 예약 확인증이요.

17
换钱
huànqián
후안치엔

동 환전하다

在机场换钱，汇率一般不太好。
Zài jīchǎng huànqián, huìlǜ yìbān bú tài hǎo.
짜이 찌창 후안치엔, 후에이뤼 이빤 뿌 타이 하오.

공항에서 환전하면, 환율이 보통 별로 좋지 않아요.

18
排队 *
páiduì
파이뚜에이

동 줄을 서다

您是在排队吗?
Nín shì zài páiduì ma?
니인 쓸 짜이 파이뚜에이 마?

당신은 지금 줄을 서신 건가요?

19
洗手间 *
xǐshǒujiān
씨셔우찌엔

명 화장실

请问，洗手间在哪儿?
Qǐng wèn, xǐshǒujiān zài nǎr?
치잉 원, 씨셔우찌엔 짜이 나알?

실례지만, 화장실이 어디에 있나요?

20
再 *
zài
짜이

부 다시

你能再说一遍吗?
Nǐ néng zài shuō yí biàn ma?
니 느엉 짜이 슈어 이 삐엔 마?

다시 한번 말씀해 주시겠어요?

21
入住 *
rùzhù
루쮸

동 체크인하다, 숙박하다

TIP
'레이트 체크아웃'은 **延迟退房**(yánchí tuìfáng)이라고 해요.

可以提前入住吗?
Kěyǐ tíqián rùzhù ma?
크어이 티치엔 루쮸 마?

얼리 체크인 가능한가요?

22
退房
tuìfáng
투에이ⓕ아앙

동 체크아웃하다, 퇴실하다

退房后可以把行李寄存在前台吗?
Tuìfáng hòu kěyǐ bǎ xíngli jìcún zài qiántái ma?
투에이ⓕ아앙 허우 크어이 빠 씨잉리 찌추언 짜이 치엔타이 마?

체크아웃한 후에 짐을 프런트에 맡겨둘 수 있나요?

23
大床房
dàchuángfáng
따츄앙ⓕ아앙

명 더블베드룸

大床房已经订满了。
Dàchuángfáng yǐjīng dìngmǎn le.
따츄앙ⓕ아앙 이찌잉 띠잉마안 러.

더블베드룸은 이미 예약이 다 찼어요.

24
双床房
shuāngchuángfáng
쓔앙츄앙ⓕ아앙

명 트윈베드룸

双床房比大床房贵一点儿。
Shuāngchuángfáng bǐ dàchuángfáng guì yìdiǎnr.
쓔앙츄앙ⓕ아앙 삐 따츄앙ⓕ아앙 꾸에이 이띠알.

트윈베드룸이 더블베드룸보다 조금 더 비싸요.

* = HSK 필수단어

25
毛巾*
máojīn
마오찌인

명 수건

请再给我一些毛巾。
Qǐng zài gěi wǒ yìxiē máojīn.
치잉 짜이 께이 워 이씨에 마오찌인.

수건 좀 더 주세요.

26
床上用品
chuángshàng yòngpǐn
츄앙쌰앙 용피인

명 침구 용품, 침구류

可以帮我换一套床上用品吗?
Kěyǐ bāng wǒ huàn yí tào chuángshàng yòngpǐn ma?
크어이 빠앙 워 후안 이 타오 츄앙쌰당 용피인 마?

침구 용품을 교체해 주실 수 있나요?

27
景点*
jǐngdiǎn
찌잉띠엔

명 관광지, 명소

我们应该先参观哪个景点?
Wǒmen yīnggāi xiān cānguān nǎ ge jǐngdiǎn?
워므언 잉까이 씨엔 차안꾸안 나 끄어 찌잉띠엔?

우리는 어느 관광지를 먼저 둘러봐야 할까요?

28
风景*
fēngjǐng
ⓕ엉찌잉

명 경치, 풍경

这里的风景真美啊!
Zhèli de fēngjǐng zhēn měi a!
쯔어리 뜨어 ⓕ엉찌잉 쯔언 메이 아!

여기 경치가 정말 아름답네요!

11일차

해커스 중국어 첫걸음 단어장

29

博物馆 *

bówùguǎn
뽀어우꾸안

명 박물관

这个城市有很多著名的博物馆。
Zhège chéngshì yǒu hěn duō zhùmíng de bówùguǎn.
쯔어끄어 츠엉쓸 여우 흐언 뚜어 쮸미잉 떠 뽀어우꾸안.

이 도시에는 유명한 박물관이 많아요.

30

纪念品

jìniànpǐn
찌니엔피인

명 기념품

我想给家人买一些纪念品。
Wǒ xiǎng gěi jiārén mǎi yìxiē jìniànpǐn.
워 씨앙 께이 찌아르언 마이 이씨에 찌니엔피인.

가족들에게 기념품을 좀 사주고 싶어요.

31

拍 *

pāi
파이

동 (사진·영상을) 찍다, 촬영하다

你能帮我们拍张照片吗?
Nǐ néng bāng wǒmen pāi zhāng zhàopiàn ma?
니 느엉 빠앙 워므언 파이 쨔앙 쨔오피엔 마?

저희 사진 좀 찍어 주실 수 있나요?

32

照片 *

zhàopiàn
쨔오피엔

명 사진

你能把照片发给我吗?
Nǐ néng bǎ zhàopiàn fāgěi wǒ ma?
니 느엉 빠 쨔오피엔 ⓕ아께이 워 마?

사진을 저에게 보내줄 수 있나요?

라이브 스몰톡

빈칸의 한국어를 중국어로 바꾸면서 직접 말해보세요.

MP3 바로듣기

친구

你下周就要去中国了，都准备好了吗？
Nǐ xià zhōu jiùyào qù Zhōngguó le, dōu zhǔnbèi hǎo le ma?
너 다음 주에 곧 중국에 가네. 준비 다 했어?

나

嗯，①비행기표 买好了，酒店也 ②예약하다 好了。
Èn, ① ______ mǎihǎo le, jiǔdiàn yě ② ______ hǎo le.
응. 비행기표는 샀고, 호텔도 예약 완료했어.

친구

记得多拍些照片！
Jìde duō pāi xiē zhàopiàn!
사진 많이 찍는 것 기억해!

나

好的！这是我第一次 ③출국하다，很兴奋啊！
Hǎo de! Zhè shì wǒ dìyī cì ③ ______, hěn xīngfèn a!
알겠어! 이번에 내가 처음으로 출국하는 거라서, 정말 신나!

정답 | ① 机票(jīpiào) ② 预订(yùdìng) ③ 出国(chūguó)

단어 | 准备 zhǔnbèi 동 준비하다　记得 jìde 동 기억하다　兴奋 xīngfèn 형 신이 나다, 흥분하다

11일차

해커스 중국어 첫걸음 단어장

12 일차

운동

MP3 바로듣기

숨은그림찾기 오늘 배울 단어 5개를 찾아보세요.

足球	篮球	羽毛球	冠军	奥运会
축구	농구	배드민턴	챔피언, 우승자	올림픽

정답확인

* = HSK 필수단어

01
运动*
yùndòng
윈또옹

동 운동하다

我每天运动一个小时。
Wǒ měitiān yùndòng yí ge xiǎoshí.
워 메이티엔 윈또옹 이 끄어 씨아오쓸.

저는 매일 한 시간씩 운동해요.

02
跑步*
pǎobù
파오뿌

동 달리다

我最近迷上了跑步。
Wǒ zuìjìn míshàngle pǎobù.
워 쭈에이찌인 미쌰앙러 파오뿌.

저는 요즘 달리기에 푹 빠졌어요.

03
游泳*
yóuyǒng
여우용

동 수영하다

游泳学会了就不会忘。
Yóuyǒng xuéhuìle jiù bú huì wàng.
여우용 쒸에후에이러 찌어우 뿌 후에이 왕.

수영하는 건 배워두면 까먹지 않아요.

04
高尔夫
gāo'ěrfū
까오으얼푸

명 골프

为了工作应酬，我开始学高尔夫了。
Wèile gōngzuò yìngchou, wǒ kāishǐ xué gāo'ěrfū le.
웨이르어 꼬옹쭈어 잉쳐우, 워 카이쓸 쒸에 까오으얼푸 러.

업무상 접대를 위해, 골프를 배우기 시작했어요.

12일차

해커스 중국어 첫걸음 단어장

05

健身*

jiànshēn
찌엔쓰언

동 헬스하다, 몸을 건강하게 하다

我昨天健身太认真了，今天很累。
Wǒ zuótiān jiànshēn tài rènzhēn le, jīntiān hěn lèi.
워 쭈어티엔 찌엔쓰언 타이 르언쯔언 러, 찌인티엔 흐언 레이.

제가 어제 헬스를 너무 열심히 했더니, 오늘 너무 피곤하네요.

06

有氧运动

yǒuyǎng yùndòng
여우양 윈또옹

명 유산소 운동

你想减肥的话，有氧运动是必须的。
Nǐ xiǎng jiǎnféi de huà, yǒuyǎng yùndòng shì bìxū de.
니 씨앙 찌엔ⓕ에이 떠 후아, 여우양 윈또옹 쓸 삐쒸 떠.

당신이 다이어트를 하고 싶다면, 유산소 운동은 필수예요.

07

力量训练

lìliang xùnliàn
리리앙 쒼리엔

명 근력 운동

年龄越大，力量训练越重要。
Niánlíng yuè dà, lìliang xùnliàn yuè zhòngyào.
니엔리잉 위에 따, 리리앙 쒼리엔 위에 쪼옹야오.

나이가 많을수록, 근력 운동이 중요해요.

08

热身

rèshēn
르어쓰언

동 준비 운동을 하다, 워밍업을 하다

游泳前一定要热身。
Yóuyǒng qián yídìng yào rèshēn.
여우용 치엔 이띠잉 야오 르어쓰언.

수영하기 전에는 준비 운동을 꼭 해야 해요.

09
瑜伽
yújiā
위찌아

명 요가

瑜伽让身心放松。
Yújiā ràng shēnxīn fàngsōng.
위찌아 라앙 쓰언씨인 ⓕ아앙쏘옹.

요가는 몸과 마음을 편안하게 해요.

10
普拉提
pǔlātí
푸라티

명 필라테스

我以为普拉提很简单，但其实是很辛苦的运动。
Wǒ yǐwéi pǔlātí hěn jiǎndān, dàn qíshí shì hěn xīnkǔ de yùndòng.
워 이웨이 푸라티 흐언 찌엔따안, 따안 치쓸 쓸 흐언 씨인쿠 떠 윈또옹.

필라테스는 쉬울 줄 알았는데, 사실 매우 힘든 운동이네요.

11
拉伸
lāshēn
라쓰언

동 스트레칭을 하다

拉伸可以防止受伤。
Lāshēn kěyǐ fángzhǐ shòushāng.
라쓰언 크어이 ⓕ아앙쯜 쌰우쌰앙.

스트레칭을 하면 부상을 방지 할 수 있어요.

12
足球 *
zúqiú
쭈치어우

명 축구, 축구공

TIP
球는 '공'이라는 의미이며, 足球는 동사 踢(tī, 차다)와 함께 자주 써요. 踢足球는 '축구를 하다'라는 의미예요.

你昨天看了韩国对中国的足球比赛吗？
Nǐ zuótiān kànle Hánguó duì Zhōngguó de zúqiú bǐsài ma?
니 쭈어티엔 카안러 하안꾸어 뚜에이 쯔옹꾸어 떠 쭈치어우 삐싸이 마?

어제 한국 대 중국의 축구 경기 봤어요?

TIP
농구, 야구와 같이 손으로 하는 운동은 동사 打(dǎ, 치다)와 함께 자주 써요. 打篮球는 '농구를 하다'라는 의미예요.

13
篮球 *
lánqiú
라안치어우

명 농구, 농구공

我加入了篮球社。
Wǒ jiārùle lánqiú shè.
워 찌아루러 라안치어우 쓰어.

저는 농구 동아리에 가입했어요.

14
棒球 *
bàngqiú
빠앙치어우

명 야구, 야구공

我经常亲自去棒球场看比赛。
Wǒ jīngcháng qīnzì qù bàngqiúchǎng kàn bǐsài.
워 찌잉챠앙 치인쯔 취 빠앙치어우챠앙 카안 삐싸이.

저는 종종 직접 야구장에 가서 경기를 봐요.

15
羽毛球 *
yǔmáoqiú
위마오치어우

명 배드민턴, 셔틀콕

打羽毛球其实挺累的。
Dǎ yǔmáoqiú qíshí tǐng lèi de.
따 위마오치어우 치쓸 티잉 레이 떠.

배드민턴 치는 것은 사실 꽤 힘들어요.

16
乒乓球 *
pīngpāngqiú
피잉파앙치어우

명 탁구, 탁구공

乒乓球是中国的强项。
Pīngpāngqiú shì Zhōngguó de qiángxiàng.
피잉파앙치어우 쓸 쪼옹꾸어 떠 치앙씨앙.

탁구는 중국이 잘하는 종목이에요.

＊ = HSK 필수단어

17
网球＊
wǎngqiú
왕치어우

명 테니스, 테니스공

我周围有很多人打网球。
Wǒ zhōuwéi yǒu hěn duō rén dǎ wǎngqiú.
워 쩌우웨이 여우 흐언 뚜어 르언 따 왕치어우.

제 주위에 테니스를 치는 사람이 많아요.

18
壁球
bìqiú
삐치어우

명 스쿼시, 스쿼시 공

我们周末一起去打壁球吧。
Wǒmen zhōumò yìqǐ qù dǎ bìqiú ba.
워므언 쩌우모어 이치 취 따 삐치어우 빠.

우리 주말에 같이 스쿼시 치러 가요.

19
参加＊
cānjiā
차안찌아

동 참가하다

我下个月要参加游泳比赛。
Wǒ xià ge yuè yào cānjiā yóuyǒng bǐsài.
워 씨아 끄어 위에 야오 차안찌아 여우용 삐싸이.

저는 다음 달에 수영 경기에 참가해요.

20
比赛＊
bǐsài
삐싸이

명 경기, 시합

比赛结果太意外了，真不敢相信!
Bǐsài jiéguǒ tài yìwài le, zhēn bù gǎn xiāngxìn!
삐싸이 찌에꾸어 타이 이와이 러, 쯔언 뿌 까안 씨앙씨인!

경기 결과가 너무 뜻밖이네요. 정말 믿을 수 없어요!

21
赢 *
yíng
잉

동 이기다

我们来打赌谁会赢！

Wǒmen lái dǎdǔ shéi huì yíng!
워먼 라이 따뚜 쎄이 후에이 잉!

우리 누가 이길지 내기해요!

22
输 *
shū
쓔

동 지다

虽然比赛输了，但我没有遗憾。

Suīrán bǐsài shū le, dàn wǒ méiyǒu yíhàn.
쑤에이라안 삐싸이 쓔 러, 따안 워 메이여우 이하안.

경기에서 졌지만, 저는 후회 없어요.

23
打平
dǎpíng
따피잉

동 비기다

很可惜，这次比赛打平了。

Hěn kěxī, zhè cì bǐsài dǎpíng le.
흐언 크어씨, 쯔어 츠 삐싸이 따피잉 러.

아쉽지만, 이번 경기는 비겼어요.

24
队 *
duì
뚜에이

명 팀

我们队赢了比赛。

Wǒmen duì yíngle bǐsài.
워먼 뚜에이 잉러 삐싸이.

우리 팀이 경기에서 이겼어요.

* = HSK 필수단어

25
金牌*
jīnpái
찌인파이

명 금메달

> TIP
> 은메달은 银牌(yínpái), 동메달은 铜牌(tóngpái)라고 해요.

哪个国家获得了乒乓球比赛的金牌?
Nǎ ge guójiā huòdéle pīngpāngqiú bǐsài de jīnpái?
나 끄어 꾸어찌아 후어뜨어러 피잉파앙치어우 삐싸이 떠 찌인파이?

어느 나라가 탁구 경기의 금메달을 차지했어요?

26
决赛*
juésài
쮜에싸이

명 결승전

韩国进了羽毛球决赛。
Hánguó jìnle yǔmáoqiú juésài.
하안꾸어 찌인러 위마오치어우 쮜에싸이.

한국이 배드민턴 결승전에 진출했어요.

27
半决赛
bànjuésài
빠안쮜에싸이

명 준결승전

那个选手在半决赛中被淘汰了。
Nà ge xuǎnshǒu zài bànjuésài zhōng bèi táotài le.
나 끄어 쒸엔써우 짜이 빠안쮜에싸이 쭈옹 뻬이 타오타이 러.

그 선수는 준결승전에서 탈락했어요.

28
冠军*
guànjūn
꾸안쮠

명 챔피언, 우승자, 우승팀

> TIP
> 준우승, 준우승팀은 亚军(yàjūn)이라고 해요.

世界冠军是韩国选手。
Shìjiè guànjūn shì Hánguó xuǎnshǒu.
쓸찌에 꾸안쮠 쓸 하안꾸어 쒸엔써우

세계 챔피언은 한국 선수예요.

12일차
해커스 중국어 첫걸음 단어장

29
比 *
bǐ
삐

명 (경기 점수의) 대 동 겨루다, 비교하다

目前比分是几比几?
Mùqián bǐfēn shì jǐ bǐ jǐ?
무치엔 삐f언 쓸 찌 삐 찌?

현재 스코어가 몇 대 몇이에요?

30
进球
jìn qiú
찌인 치어우

골이 들어가다, 골인하다

每次我去洗手间的时候就进球。
Měi cì wǒ qù xǐshǒujiān de shíhou jiù jìn qiú.
메이 츠 워 취 씨써우찌엔 떠 쓸허우 찌어우 찌인 치어우.

제가 화장실에 갈 때마다 골이 들어가네요.

31
奥运会
Àoyùnhuì
아오윈후에이

고유 올림픽

2024年奥运会在法国举行了。
Èr líng èr sì nián Àoyùnhuì zài Fǎguó jǔxíng le.
으얼 리잉 으얼 쓰 니엔 아오윈후에이 짜이 f아꾸어 쮜씨잉 러.

2024년 올림픽은 프랑스에서 열렸어요.

32
世界杯
Shìjièbēi
쓸찌에뻬이

고유 월드컵

现在是世界杯赛季，大家都很兴奋。
Xiànzài shì Shìjièbēi sàijì, dàjiā dōu hěn xīngfèn.
씨엔짜이 쓸 쓸찌에뻬이 싸이찌, 따찌아 떠우 흐언 씨잉f언.

지금은 월드컵 시즌이라, 사람들이 모두 신났어요.

라이브 스몰톡

빈칸의 한국어를 중국어로 바꾸면서 직접 말해보세요.

MP3 바로듣기

친구

你平时喜欢做什么运动?
Nǐ píngshí xǐhuan zuò shénme yùndòng?
너 평소에 무슨 운동을 좋아해?

나

有空的时候我会去做 ①필라테스 和练 ②요가。
Yǒu kòng de shíhou wǒ huì qù zuò ① ______ hé liàn ② ______.
시간이 있을 때 나는 필라테스를 하러 가고 요가를 연습해.

친구

我想减肥，你觉得做什么运动合适?
Wǒ xiǎng jiǎnféi, nǐ juéde zuò shénme yùndòng héshì?
나 다이어트 하고 싶은데, 무슨 운동이 적합하다고 생각해?

나

那你要多做一些 ③유산소 운동，跑步和 ④수영 都不错。
Nà nǐ yào duō zuò yìxiē ③ ______, pǎobù hé ④ ______ dōu búcuò.
그럼 너는 유산소 운동을 많이 해야 해. 달리기와 수영 모두 괜찮아.

정답 | ① 普拉提(pǔlātí) ② 瑜伽(yújiā) ③ 有氧运动(yǒuyǎng yùndòng) ④ 游泳(yóuyǒng)

단어 | 平时 píngshí 명 평소 练 liàn 동 연습하다 减肥 jiǎnféi 동 다이어트하다 合适 héshì 형 적합하다

3편

슬기로운 소비 생활

- 음식 · 쇼핑 · 뷰티

13 일차

음식

MP3 바로듣기

숨은그림찾기 오늘 배울 단어 5개를 찾아보세요.

鱼	汉堡	比萨	寿司	冰激凌
생선, 물고기	햄버거	피자	초밥	아이스크림

정답확인

01
美食 *
měishí
메이쓸

명 맛있는 음식, 미식

旅游的时候一定要尝当地的美食。
Lǚyóu de shíhou yídìng yào cháng dāngdì de měishí.
뤼여우 떠 쓸허우 이띵 야오 챵 땅띠 떠 메이쓸.

여행할 때는 반드시 현지의 맛있는 음식을 맛봐야 해요.

02
味道 *
wèidào
웨이따오

명 맛, 냄새

我觉得这道菜味道有点儿奇怪。
Wǒ juéde zhè dào cài wèidào yǒudiǎnr qíguài.
워 쮜에뜨어 쯔어 따오 차이 웨이따오 여우띠알 치꾸아이.

저는 이 요리의 맛이 좀 이상한 것 같아요.

03
水果 *
shuǐguǒ
쑤에이꾸어

명 과일

你最喜欢什么水果?
Nǐ zuì xǐhuan shénme shuǐguǒ?
니 쭈에이 씨후안 쓰언므어 쑤에이꾸어?

당신은 어떤 과일을 가장 좋아해요?

04
蔬菜 *
shūcài
쑤차이

명 채소

我其实不太爱吃蔬菜。
Wǒ qíshí bú tài ài chī shūcài.
워 치쓸 뿌 타이 아이 츨 쑤차이.

저는 사실 채소 먹는 걸 그다지 좋아하지 않아요.

05
鱼 *
yú
위

명 생선, 물고기

吃鱼对身体有好处。
Chī yú duì shēntǐ yǒu hǎochu.
츠 위 뚜에이 쓰언티 여우 하오츄.

생선을 먹는 것은 몸에 좋아요.

06
牛肉
niúròu
니어우러우

명 소고기

我今天想吃牛肉炒饭。
Wǒ jīntiān xiǎng chī niúròu chǎofàn.
워 찌인티엔 씨앙 츠 니어우러우 챠오f아안.

저는 오늘 소고기 볶음밥을 먹고 싶어요.

07
猪肉
zhūròu
쮸러우

명 돼지고기

这家店的猪肉饺子很有名。
Zhè jiā diàn de zhūròu jiǎozi hěn yǒumíng.
쯔어 찌아 띠엔 떠 쮸러우 찌아오쯔 흐언 여우미잉.

이 가게의 돼지고기 만두는 매우 유명해요.

08
羊肉
yángròu
양러우

명 양고기

这是羊肉还是牛肉?
Zhè shì yángròu háishi niúròu?
쯔어 쓸 양러우 하이쓸 니어우러우?

이건 양고기예요 아니면 소고기예요?

* = HSK 필수단어

09
外卖 *
wàimài
와이마이

명 배달 음식, 포장 판매 음식

我们经常在办公室里点外卖。
Wǒmen jīngcháng zài bàngōngshì li diǎn wàimài.
워므언 찌잉챠앙 짜이 빠안꼬옹쓸 리 띠엔 와이마이.

우리는 사무실에서 자주 배달 음식을 주문해요.

TIP
外卖는 '밖'이라는 뜻의 外와 '팔다'라는 뜻의 卖가 합쳐져, 밖에서 파는 음식, 즉 배달 음식 또는 포장 판매 음식을 뜻해요.

10
汉堡
hànbǎo
하안빠오

명 햄버거

麦当劳出了新的汉堡。
Màidāngláo chūle xīn de hànbǎo.
마이따앙라오 츄러 씨인 떠 하안빠오

맥도날드에 새로운 햄버거가 출시됐어요.

11
比萨
bǐsà
삐싸

명 피자

我们今晚点比萨吧!
Wǒmen jīn wǎn diǎn bǐsà ba!
워므언 찌인 완 띠엔 삐싸 빠!

우리 오늘 저녁에 피자를 시켜요!

TIP
比萨는 영어 pizza의 발음을 중국어로 옮긴 말이에요.

12
寿司
shòusī
쎠우쓰

명 초밥

这家店的三文鱼寿司很新鲜。
Zhè jiā diàn de sānwényú shòusī hěn xīnxiān.
쯔어 찌아 띠엔 떠 싸안원위 쎠우쓰 흐언 씨인씨엔.

이 가게의 연어 초밥은 매우 신선해요.

13
面
miàn
미엔

명 면, 국수

晚餐除了面以外都可以。
Wǎncān chúle miàn yǐwài dōu kěyǐ.
완차안 츄러 미엔 이와이 떠우 크어이.

저녁 식사는 면만 아니면 다 괜찮을 것 같아요.

14
方便面 *
fāngbiànmiàn
ⓕ아앙삐엔미엔

명 라면

加个鸡蛋，方便面会更好吃。
Jiā ge jīdàn, fāngbiànmiàn huì gèng hǎochī.
찌아 끄어 찌따안, ⓕ아앙삐엔미엔 후에이 끄엉 하오츨.

계란을 넣으면, 라면이 더 맛있어질 거예요.

15
零食 *
língshí
리잉쓸

명 간식, 군것질거리

他的包里总是装着零食。
Tā de bāo li zǒngshì zhuāngzhe língshí.
타 떠 빠오 리 쪼옹쓸 쮸앙쪄 리잉쓸.

그의 가방 안에는 항상 간식이 들어 있어요.

16
甜点
tiándiǎn
티엔띠엔

명 디저트

吃完饭后，我们吃甜点吧。
Chīwán fàn hòu, wǒmen chī tiándiǎn ba.
츨완 ⓕ아안 허우, 워므언 츨 티엔띠엔 빠.

밥을 다 먹은 후에, 우리 디저트를 먹어요.

* = HSK 필수단어

17
冰激凌*
bīngjīlíng
삐잉찌리잉

명 아이스크림

我们吃**冰激凌**怎么样?
Wǒmen chī bīngjīlíng zěnmeyàng?
워므언 츠 삐잉찌리잉 쯔언므어양?

우리 **아이스크림** 먹는 거 어때요?

TIP
아이스크림을 冰淇淋(bīngqílín)이라고 말하기도 해요.

18
饼干*
bǐnggān
삐잉까안

명 비스킷 과자

这种**饼干**热量太高了。
Zhè zhǒng bǐnggān rèliàng tài gāo le.
쯔어 쫘옹 삐잉까안 르어리앙 타이 까오 러.

이런 종류의 **비스킷 과자**는 칼로리가 너무 높아요.

TIP
饼干은 보통 비스킷 종류의 과자를 말하며, 봉지 과자를 말하고 싶을 때는 零食이라고 말해요.

19
面包*
miànbāo
미엔빠오

명 빵

我午餐只吃了一个**面包**。
Wǒ wǔcān zhǐ chīle yí ge miànbāo.
워 우차안 쯔 츨러 이 끄어 미엔빠오.

저는 점심으로 **빵**만 하나 먹었어요.

20
口味*
kǒuwèi
커우웨이

명 입맛, 식욕

这道菜太合我的**口味**了。
Zhè dào cài tài hé wǒ de kǒuwèi le.
쯔어 따오 차이 타이 흐어 워 뜨어 커우웨이 러.

이 요리는 제 **입맛**에 너무 잘 맞아요.

21
甜 *
tián
티엔

형 달다

这个巧克力蛋糕太甜了。
Zhège qiǎokèlì dàngāo tài tián le.
쯔어끄어 치아오크어리 따안까오 타이 티엔 러.

이 초콜릿 케이크는 너무 달아요.

22
咸 *
xián
씨엔

형 짜다

医生说我要少吃咸的东西。
Yīshēng shuō wǒ yào shǎo chī xián de dōngxi.
이쓰엉 슈어 워 야오 샤오 츠 씨엔 떠 또옹씨.

의사가 제게 짠 것을 적게 먹어야 한다고 말했어요.

23
辣 *
là
라

형 맵다

这份麻辣烫一点儿都不辣。
Zhè fèn málàtàng yìdiǎnr dōu bú là.
쯔어 ㅍ언 마라타앙 이띠알 떠우 뿌 라.

이 마라탕은 조금도 맵지 않아요.

24
麻辣 *
málà
마라

형 얼얼하고 맵다

我平时喜欢吃麻辣味的零食。
Wǒ píngshí xǐhuan chī málà wèi de língshí.
워 피잉슬 씨후안 츠 마라 웨이 떠 리잉슬.

저는 평소에 얼얼하고 매운맛이 나는 간식을 먹는 것을 좋아해요.

25
苦 *
kǔ
쿠

형 쓰다

我的咖啡有点儿苦，你的怎么样？
Wǒ de kāfēi yǒudiǎnr kǔ, nǐ de zěnmeyàng?
워 떠 카ⓕ에이 여우띠알 쿠, 니 떠 쯔언므어양?

제 커피는 조금 쓴데, 당신 거는 어때요?

26
淡 *
dàn
딴안

형 싱겁다

这碗汤太淡了，没什么味道。
Zhè wǎn tāng tài dàn le, méi shénme wèidào.
쯔어 완 탕 타이 따안 러, 메이 쓰언므어 웨이따오.

이 국은 너무 싱거워서, 아무런 맛이 안 나요.

27
腻
nì
니

형 느끼하다

这个菜非常腻，我吃不下了。
Zhège cài fēicháng nì, wǒ chī bu xià le.
쯔어끄어 차이 ⓕ에이챵 니, 워 츠 뿌 씨아 러.

이 요리는 매우 느끼해서, 더는 못 먹겠어요.

28
盐 *
yán
옌

명 소금

可以少放点儿盐吗？
Kěyǐ shǎo fàng diǎnr yán ma?
크어이 쌰오 ⓕ앙 띠알 옌 마?

소금을 조금 적게 넣어주실 수 있나요?

29
糖 *
táng
타앙

명 설탕, 사탕

请给我的咖啡加点儿糖。
Qǐng gěi wǒ de kāfēi jiā diǎnr táng.
치잉 께이 워 떠 카f에이 찌아 띠알 타앙.

제 커피에 설탕을 조금 넣어 주세요.

30
酱油 *
jiàngyóu
찌앙여우

명 간장

吃饺子要蘸酱油。
Chī jiǎozi yào zhàn jiàngyóu.
츠 찌아오쯔 야오 쨔안 찌앙여우.

만두를 먹을 때는 간장에 찍어야 해요.

31
醋 *
cù
추

명 식초

麻烦帮我拿一下醋。
Máfan bāng wǒ ná yíxià cù.
마f아안 빠앙 워 나 이씨아 추.

번거로우시겠지만 식초 좀 가져다 주세요.

32
番茄酱
fānqiéjiàng
f아안치에찌앙

명 토마토케첩

薯条没有番茄酱就不好吃了。
Shǔtiáo méiyǒu fānqiéjiàng jiù bù hǎochī le.
쓔티아오 메이여우 f아안치에찌앙 찌어우 뿌 하오츠 러.

감자튀김은 토마토케첩이 없으면 맛이 없어요.

라이브 스몰톡

빈칸의 한국어를 중국어로 바꾸면서 직접 말해보세요.

MP3 바로듣기

나

我们晚饭点 ①배달 음식 吧！你想吃什么？
Wǒmen wǎnfàn diǎn ① ba! Nǐ xiǎng chī shénme?
우리 저녁 식사로 배달 음식 시켜요! 뭐 먹고 싶어요?

동료

我们吃麻辣烫，怎么样？
Wǒmen chī málàtàng, zěnmeyàng?
우리 마라탕 먹는 거 어때요?

나

好呀！我知道有一家店 ②맛 很好，还送 ③아이스크림。
Hǎo ya! Wǒ zhīdào yǒu yì jiā diàn ② hěn hǎo, hái sòng ③.
좋아요! 제가 맛이 좋고, 아이스크림도 서비스로 주는 가게를 알아요.

동료

好，就这么定吧。
Hǎo, jiù zhème dìng ba.
좋아요. 그렇게 해요.

정답 | ① 外卖(wàimài) ② 味道(wèidào) ③ 冰激凌(bīngjīlíng)

단어 | 点 diǎn 동 시키다, 주문하다 麻辣烫 málàtàng 명 마라탕 知道 zhīdào 동 알다 送 sòng 동 주다

14 일차

식당·카페

숨은그림찾기 오늘 배울 단어 5개를 찾아보세요.

勺子	碗	米饭	咖啡	啤酒
숟가락	그릇	밥, 쌀밥	커피	맥주

01

点菜

diǎn cài
띠엔 차이

주문하다

我们已经点好菜了。
Wǒmen yǐjīng diǎnhǎo cài le.
워먼 이찌잉 띠엔하오 차이 러.

저희는 이미 주문했어요.

02

菜单 *

càidān
차이따안

명 메뉴판, 메뉴

服务员，请拿一下菜单。
Fúwùyuán, qǐng ná yíxià càidān.
f우우위엔, 치잉 나 이씨아 차이따안.

저기요, 메뉴판 좀 가져다 주세요.

03

服务员

fúwùyuán
f우우위엔

명 종업원

服务员，点菜。
Fúwùyuán, diǎncài.
f우우위엔, 띠엔차이.

저기요(종업원님), 주문할게요.

04

推荐 *

tuījiàn
투에이찌엔

동 추천하다

你能推荐几个菜吗？
Nǐ néng tuījiàn jǐ ge cài ma?
니 느엉 투에이찌엔 찌 끄어 차이 마?

몇 가지 요리를 추천해 주실 수 있나요?

05
打包*

dǎbāo
따빠오

동 포장하다

您在这儿吃还是**打包**?
Nín zài zhèr chī háishi dǎbāo?
니인 짜이 쯔얼 츠 하이쓸 따빠오?

여기서 드시겠어요 아니면 **포장**하시겠어요?

06
来*

lái
라이

동 주다, 가져오다, 오다

TIP
음식을 주문할 때는 '**我要+음식명(Wǒ yào ~, ~을 주세요)**'이라고 해도 돼요.

来一份麻婆豆腐。
Lái yí fèn mápó dòufu.
라이 이 ⓕ언 마포어 떠우ⓕ우.

마파두부 1인분 **주세요**.

07
份*

fèn
ⓕ언

양 인분

我要两**份**锅包肉。
Wǒ yào liǎng fèn guōbāoròu.
워 야오 리앙 ⓕ언 꾸어빠오러우.

꿔바로우 2**인분** 주세요.

08
买单

mǎidān
마이따안

동 계산하다

我要**买单**, 可以微信支付吗?
Wǒ yào mǎidān, kěyǐ Wēixìn zhīfù ma?
워 야오 마이따안, 크어이 웨이씨인 쯔ⓕ우 마?

저 **계산**할게요. 위챗페이 되나요?

09
上 *
shàng
쌰앙

동 (음식이) 나오다, 오르다

我们点的菜什么时候上?
Wǒmen diǎn de cài shénme shíhou shàng?
워므언 띠엔 떠 차이 쓰언므어 쓸허우 쌰앙?

우리가 주문한 요리는 언제 나와요?

10
过敏 *
guòmǐn
꾸어미인

동 알레르기 반응을 보이다

我对花生过敏, 不要放。
Wǒ duì huāshēng guòmǐn, bú yào fàng.
워 뚜에이 후아쓰엉 꾸어미인, 뿌 야오 f아앙.

저는 땅콩 알레르기가 있으니까, 넣지 말아주세요.

11
包间
bāojiān
빠오찌엔

명 룸, 방[식당의 독립된 공간]

包间需要预约吗?
Bāojiān xūyào yùyuē ma?
빠오찌엔 쒸야오 위위에 마?

룸은 예약이 필요한가요?

12
餐巾纸
cānjīnzhǐ
차안찌인쯜

명 냅킨, 휴지

我们桌子上没有餐巾纸, 可以拿一下吗?
Wǒmen zhuōzi shang méiyǒu cānjīnzhǐ, kěyǐ ná yíxià ma?
워므언 쮸어쯔 쌰앙 메이여우 차안찌인쯜, 크어이 나 이씨아 마?

저희 테이블에 냅킨이 없는데, 좀 가져다 주실 수 있나요?

13
勺子 *
sháozi
싸오쯔

명 숟가락

可以给我一个勺子吗?
Kěyǐ gěi wǒ yí ge sháozi ma?
크어이 께이 워 이 끄어 싸오쯔 마?

숟가락 하나 주실 수 있나요?

14
筷子 *
kuàizi
쿠아이쯔

명 젓가락

这儿还差一双筷子。
Zhèr hái chà yì shuāng kuàizi.
쯔얼 하이 챠 이 쓔앙 쿠아이쯔.

여기 아직 젓가락 한 쌍이 부족해요.

15
杯子 *
bēizi
뻬이쯔

명 컵

帮我换个干净的杯子。
Bāng wǒ huàn ge gānjìng de bēizi.
빠앙 워 후안 끄어 까안찌잉 떠 뻬이쯔.

깨끗한 컵으로 바꿔주세요.

16
碗 *
wǎn
완

명 그릇

给我们多拿几个碗。
Gěi wǒmen duō ná jǐ ge wǎn.
께이 워므언 뚜어 나 찌 끄어 완.

그릇 몇 개 더 가져다 주세요.

17
米饭 *

mǐfàn
미ⓕ아안

명 밥, 쌀밥

服务员，再来一碗米饭。
Fúwùyuán, zài lái yì wǎn mǐfàn.
ⓕ우우위엔, 짜이 라이 이 완 미ⓕ아안.

저기요, 밥 하나만 더 주세요.

18
水 *

shuǐ
쒸에이

명 물

我要冰水，不要热水。
Wǒ yào bīng shuǐ, bú yào rè shuǐ.
워 야오 삐잉 쒸에이, 뿌 야오 르어 쒸에이.

저는 찬물 주세요. 뜨거운 물은 필요 없어요.

19
茶

chá
챠

명 차

这茶是免费的吗？
Zhè chá shì miǎnfèi de ma?
쯔어 챠 쓸 미엔ⓕ에이 떠 마?

이 차는 무료인가요?

20
饮料 *

yǐnliào
인리아오

명 음료수

你想喝什么饮料？
Nǐ xiǎng hē shénme yǐnliào?
니 씨앙 흐어 쓰언므어 인리아오?

당신은 어떤 음료수를 마시고 싶어요?

21
咖啡*

kāfēi
카ⓕ에이

명 커피

早上我习惯喝一杯**咖啡**。
Zǎoshang wǒ xíguàn hē yì bēi kāfēi.
짜오쌰앙 워 씨꾸안 흐어 이 뻬이 카ⓕ에이.

아침에 저는 **커피** 한 잔을 마시는 게 습관이에요.

22
美式咖啡

měishì kāfēi
메이쓸 카ⓕ에이

명 아메리카노

TIP
美式咖啡는 '美式(미국식)+咖啡(커피)'라는 뜻이며, 간단하게 美式이라고 말하기도 해요.

我要一杯**美式咖啡**，大杯的。
Wǒ yào yì bēi měishì kāfēi, dà bēi de.
워 야오 이 뻬이 메이쓸 카ⓕ에이, 따 뻬이 떠.

저는 **아메리카노** 한 잔, 큰 사이즈로 주세요.

23
拿铁

nátiě
나티에

명 라테

这家咖啡店的**拿铁**很有名。
Zhè jiā kāfēidiàn de nátiě hěn yǒumíng.
쯔어 찌아 카ⓕ에이띠엔 떠 나티에 흐언 여우미잉.

이 카페의 **라테**는 매우 유명해요.

24
浓缩咖啡

nóngsuō kāfēi
노옹쑤어 카ⓕ에이

명 에스프레소

TIP
'샷 하나 추가'는 加一份浓缩(jiā yí fèn nóngsuō)라고 해요.

我不太会喝**浓缩咖啡**，太苦了。
Wǒ bú tài huì hē nóngsuō kāfēi, tài kǔ le.
워 뿌 타이 후에이 흐어 노옹쑤어 카ⓕ에이, 타이 쿠 러.

저는 **에스프레소**를 잘 못 마셔요. 너무 쓰거든요.

25
可乐
kělè
크어르어

명 콜라

请问，有无糖可乐吗？
Qǐng wèn, yǒu wú táng kělè m a?
치잉 원, 여우 우 타앙 크어르어 마?

실례합니다. 제로 콜라 있나요?

26
冰块儿
bīngkuàir
삐잉쿠알

명 얼음

请多加一些冰块儿。
Qǐng duō jiā yìxiē bīngkuàir.
치잉 뚜어 찌아 이씨에 삐잉쿠알.

얼음을 많이 넣어주세요.

27
冰的
bīng de
삐잉 떠

차가운 (것), 아이스

韩国人在冬天也喝冰的。
Hánguórén zài dōngtiān yě hē bīng de.
하안꾸어르언 짜이 또옹티엔 예 흐어 삐잉 떠.

한국 사람은 겨울에도 차가운 것을 마셔요.

28
热的
rè de
르어 떠

뜨거운 (것), 핫

你要热的还是冰的？
Ní yào rè de háishi bīng de?
니 야오 르어 떠 하이쓸 삐잉 떠?

뜨거운 것을 원하세요 아니면 차가운 것을 원하세요?

29
啤酒 *

píjiǔ
피찌어우

명 맥주

你平时喝哪种啤酒？

Nǐ píngshí hē nǎ zhǒng píjiǔ?
니 피잉쓸 흐어 나 쟈옹 피찌어우?

당신은 평소에 어떤 맥주를 드시나요?

30
烧酒

shāojiǔ
쌰오찌어우

명 소주

我喝一瓶烧酒就会醉。

Wǒ hē yì píng shāojiǔ jiù huì zuì.
워 흐어 이 피잉 쌰오찌어우 찌어우 후에이 쭈에이.

저는 소주 한 병을 마시면 바로 취해요.

31
白酒 *

báijiǔ
빠이찌어우

명 백주, 고량주

白酒一般度数都很高。

Báijiǔ yìbān dùshu dōu hěn gāo.
빠이찌어우 이빠안 뚜쓔 떠우 흐언 까오.

백주는 일반적으로 도수가 다 높아요.

32
红酒

hóngjiǔ
호옹찌어우

명 레드 와인, 와인

TIP
'포도주'라는 뜻의 **葡萄酒**(pútaojiǔ)도 쓸 수 있어요. 참고로 화이트 와인은 **白酒**가 아닌 **白葡萄酒**(bái pútaojiǔ)예요.

牛排配红酒特别棒。

Niúpái pèi hóngjiǔ tèbié bàng.
니어우파이 페이 호옹찌어우 트어삐에 빠앙.

스테이크에 레드 와인을 곁들이면 정말 훌륭해요.

라이브 스몰톡

빈칸의 한국어를 중국어로 바꾸면서 직접 말해보세요.

MP3 바로듣기

나

①종업원，我想 ②주문하다。
① ______ , wǒ xiǎng ② ______ .
저기요, 주문할게요.

종업원

您好！这是菜单，想吃点儿什么？
Nín hǎo! Zhè shì càidān, xiǎng chī diǎnr shénme?
안녕하세요! 여기 메뉴판입니다. 무엇을 드시겠어요?

나

我们要一 ③인분 锅包肉，两碗 ④밥。
Wǒmen yào yí ③ ______ guōbāoròu, liǎng wǎn ④ ______ .
꿔바로우 일 인분, 밥 두 그릇 주세요.

종업원

好的，要喝点儿什么吗？
Hǎo de, yào hē diǎnr shénme ma?
알겠습니다. 마실 것도 원하시나요?

정답 | ① 服务员(Fúwùyuán) ② 点菜(diǎn cài) ③ 份(fèn) ④ 米饭(mǐfàn)

단어 | 菜单 càidān 명 메뉴판 碗 wǎn 양 그릇 喝 hē 동 마시다

15 일차

쇼핑

MP3 바로듣기

숨은그림찾기 오늘 배울 단어 5개를 찾아보세요.

价格	信用卡	现金	小票	购物车
가격	신용 카드	현금	영수증	장바구니, 쇼핑 카트

정답확인

01
购物*
gòuwù
꺼우우

동 쇼핑하다, 물건을 그매하다

最近很多人喜欢网上购物。
Zuìjìn hěn duō rén xǐhuan wǎngshàng gòuwù.
쭈에이찌인 흐언 뚜어 르언 씨후안 왕샹 꺼우우.

최근 많은 사람들은 온라인으로 쇼핑하는 것을 좋아해요.

02
逛街
guàng jiē
꾸앙 찌에

(거리를 구경하며) 쇼핑하다

下午陪我去逛街吧。
Xiàwǔ péi wǒ qù guàng jiē ba
씨아우 페이 워 취 꾸앙 찌에 빠.

오후에 저랑 함께 쇼핑하러 가요.

03
价格*
jiàgé
찌아끄어

명 가격

这件衣服的价格还可以。
Zhè jiàn yīfu de jiàgé hái kěyǐ.
쯔어 찌엔 이푸 떠 찌아끄어 하이 크어이.

이 옷의 가격은 괜찮아요.

04
多少钱
duōshao qián
뚜어쌰오 치엔

얼마예요?

这双鞋子多少钱?
Zhè shuāng xiézi duōshao qián?
쯔어 슈앙 씨에쯔 뚜어쌰오 치엔?

이 신발은 얼마예요?

05
别的 *
biéde
삐에떠

㈐ 다른, 다른 것

这个包款式太普通了，有别的款式吗?
Zhège bāo kuǎnshì tài pǔtōng le, yǒu biéde kuǎnshì ma?
쯔어끄어 빠오 쿠안쓸 타이 푸토옹 러, 여우 삐에떠 쿠안쓸 마?

이 가방 디자인이 너무 평범한데, 다른 디자인 있나요?

06
一共 *
yígòng
이꼬옹

㈊ 총, 모두

一共花了三百块钱。
Yígòng huāle sān bǎi kuài qián.
이꼬옹 후아러 싸안 빠이 쿠아이 치엔.

총 300위안을 썼어요.

07
便宜 *
piányi
피엔이

㈋ 싸다

能便宜一点儿吗?
Néng piányi yìdiǎnr ma?
느엉 피엔이 이띠알 마?

조금 더 싸게 해 줄 수 있어요?

08
贵 *
guì
꾸에이

㈋ 비싸다

实体店的价格比网上贵。
Shítǐdiàn de jiàgé bǐ wǎngshàng guì.
쓸티띠엔 떠 찌아끄어 삐 왕쌰앙 꾸에이.

오프라인 매장의 가격이 온라인보다 비싸요.

* = HSK 필수단어

09
打折 *
dǎzhé
따쯔어

동 할인하다, 깎다

打折后多少钱?
Dǎzhé hòu duōshao qián?
따쯔어 허우 뚜어쌰오 치엔?

할인하고 나면 얼마예요?

TIP
打와 折 사이에 쓰여 있는 숫자로 할인 폭을 알 수 있어요. 예로 打8折라고 적혀 있으면 20% 할인한다는 뜻이에요.

10
优惠 *
yōuhuì
여우후에이

형 할인 혜택의, 우대의

买两件有优惠吗?
Mǎi liǎng jiàn yǒu yōuhuì ma?
마이 리앙 찌엔 여우 여우후에이 마?

두 벌 사면 할인 혜택이 있나요?

11
优惠券
yōuhuìquàn
여우후에이취엔

명 쿠폰, 할인권

这张优惠券可以用吗?
Zhè zhāng yōuhuìquàn kěyǐ yòng ma?
쯔어 짱 여우후에이취엔 크어이 용 마?

이 쿠폰 사용할 수 있나요?

12
结账 *
jiézhàng
찌에짱

동 결제하다, 계산하다

结账要排很长的队。
Jiézhàng yào pái hěn cháng de duì.
찌에짱 야오 파이 흐언 챵 뜨어 뚜에이.

결제하려면 줄을 길게 서야 해요.

TIP
'결제하다'라는 뜻으로 付款(fùkuǎn)이란 단어도 자주 사용해요.

15일차

해커스 중국어 첫걸음 단어장

13
刷卡
shuākǎ
쓔아카

동 카드를 긁다

我想刷卡结账。
Wǒ xiǎng shuākǎ jiézhàng.
워 씨앙 쓔아카 찌에쨔앙.

저는 카드로 결제하고 싶어요.

14
信用卡 *
xìnyòngkǎ
씨인용카

명 신용 카드

可以用信用卡结账吧?
Kěyǐ yòng xìnyòngkǎ jiézhàng ba?
크어이 용 씨인용카 찌에쨔앙 빠?

신용 카드로 결제되죠?

15
现金 *
xiànjīn
씨엔찌인

명 현금

我没有现金，可以刷卡吗?
Wǒ méiyǒu xiànjīn, kěyǐ shuākǎ ma?
워 메이여우 씨엔찌인, 크어이 쓔아카 마?

현금이 없는데, 카드 결제 되나요?

16
微信支付
Wēixìn zhīfù
웨이씨인 쯔프우

명 위챗페이

微信支付不能用吗?
Wēixìn zhīfù bù néng yòng ma?
웨이씨인 쯔프우 뿌 느엉 용 마?

위챗페이가 안 되나요?

17
支付宝
Zhīfùbǎo
쯔f우빠오

명 알리페이

我用支付宝扫码。
Wǒ yòng Zhīfùbǎo sǎo mǎ.
워 용 쯔f우빠오 싸오 마.

알리페이로 QR코드 스캔할거 요.

18
二维码*
èrwéimǎ
으얼웨이마

명 QR코드

我应该扫描哪个二维码?
Wǒ yīnggāi sǎomiáo nǎ ge èrwéimǎ?
워 잉까이 싸오미아오 나 끄어 으얼웨이마?

어떤 QR코드를 스캔해야 돼요?

TIP
扫描二维码(QR코드를 스캔하다)는 간단하게 줄여서 扫码(sǎo mǎ)라고도 해요.

19
退款
tuìkuǎn
투에이쿠안

동 환불하다

这个我想退款。
Zhège wǒ xiǎng tuìkuǎn.
쯔어끄어 워 씨앙 투에이쿠안.

저는 이것을 환불하고 싶어요.

20
换*
huàn
후안

동 바꾸다, 교환하다

我要换一个大一点儿的。
Wǒ yào huàn yí ge dà yìdiǎnr de.
워 야오 후안 이 끄어 따 이띠알 뜨어.

좀 더 큰 걸로 바꾸고 싶어요.

21
包装*
bāozhuāng
빠오쮸앙

동 포장하다

请帮我**包装**成礼物。
Qǐng bāng wǒ bāozhuāng chéng lǐwù.
치잉 빠앙 워 빠오쮸앙 츠엉 리우.

선물용으로 **포장해** 주세요.

22
购物袋
gòuwùdài
꺼우우따이

명 쇼핑백

购物袋要收费吗?
Gòuwùdài yào shōufèi ma?
꺼우우따이 야오 쎠우f에이 마?

쇼핑백은 비용을 받나요?(**쇼핑백**은 유료인가요?)

23
小票
xiǎopiào
씨아오피아오

명 영수증

请给我**小票**。
Qǐng gěi wǒ xiǎopiào.
치잉 께이 워 씨아오피아오.

영수증을 주세요.

TIP
小票는 카드 전표와 같은 간이 영수증을 말해요. 세금계산서와 같이 공식적인 영수증이 필요할 때는 **发票**(fāpiào)라고 하면 돼요.

24
次品*
cìpǐn
츠피인

명 불량품

我买到了**次品**, 要退款。
Wǒ mǎidàole cìpǐn, yào tuìkuǎn.
워 마이따오러 츠피인, 야오 투에이쿠안.

불량품을 샀는데, 환불하고 싶어요.

25
质量 *
zhìliàng
쯜리앙

명 품질, 질량

这个质量怎么样？靠谱吗？
Zhège zhìliàng zěnmeyàng? Kàopǔ ma?
쯔어끄어 쯜리앙 쯔언므어양? 카오프 마?

이거 품질이 어때요? 믿을 만한가요?

26
品牌 *
pǐnpái
피인파이

명 브랜드

你的太阳镜是什么品牌的？
Nǐ de tàiyángjìng shì shénme pǐnpái de?
니 떠 타이양찌잉 쓸 쓰언므어 피인파이 떠?

당신의 선글라스는 무슨 브랜드예요?

27
购物车
gòuwùchē
꺼우우츠어

명 장바구니, 쇼핑 카트

我先把它加入购物车。
Wǒ xiān bǎ tā jiārù gòuwùchē.
워 씨엔 빠 타 찌아루 꺼우우츠어.

우선 장바구니에 추가할게요.

28
评价 *
píngjià
피잉찌아

명 리뷰, 후기 동 평가하다

我买东西之前一定会查看评价。
Wǒ mǎi dōngxi zhīqián yídìng huì chákàn píngjià.
워 마이 똥씨 쯜치엔 이띵 후에이 챠카안 피잉찌아.

저는 물건을 구매하기 전에 리뷰를 꼭 확인해요.

29
积分
jīfēn
찌ⓕ언

명 적립금, 포인트

这次购买能获得多少积分?
Zhè cì gòumǎi néng huòdé duōshao jīfēn?
쯔어 츠 꺼우마이 느엉 후어뜨어 뚜어쌰오 찌ⓕ언?

이번 구매로 적립금을 얼마나 받을 수 있어요?

30
发货
fāhuò
ⓕ아후어

동 발송하다, 상품을 보내다

什么时候发货？我比较着急。
Shénme shíhou fāhuò? Wǒ bǐjiào zháojí.
쓰언므어 쓸허우 ⓕ아후어? 워 삐찌아오 쨔오찌.

언제 발송해요? 제가 조금 초조해서요.

31
包邮
bāoyóu
빠오여우

무료 배송

这个商品包邮，不用付运费。
Zhège shāngpǐn bāoyóu, búyòng fù yùnfèi.
쯔어끄어 쌰앙피인 빠오여우, 뿌용 ⓕ우 윈ⓕ에이.

이 상품은 무료 배송이라서, 배송비를 낼 필요 없어요.

32
淘宝
Táobǎo
타오빠오

명 타오바오[중국의 가장 큰 온라인 쇼핑 플랫폼]

我经常在淘宝买东西。
Wǒ jīngcháng zài Táobǎo mǎi dōngxi.
워 찌잉챠앙 짜이 타오빠오 마이 또옹씨.

저는 자주 타오바오에서 물건을 사요.

라이브 스몰톡

빈칸의 한국어를 중국어로 바꾸면서 직접 말해 보세요.

MP3 바로듣기

나

①할인하다 的商品也可以用 ②쿠폰 吗?
① ____ de shāngpǐn yě kěyǐ yòng ② ____ ma?
할인 상품도 쿠폰을 사용할 수 있나요?

판매원

对的，所有商品都可以用。
Duì de, suǒyǒu shāngpǐn dōu kěyǐ yòng.
네, 모든 상품에 사용 가능합니다.

나

好。可以 ③위챗페이 吗?
Hǎo. Kěyǐ ③ ____ ma?
좋아요. 위챗페이 되나요?

판매원

可以的。您扫这边的二维码。
Kěyǐ de. Nín sǎo zhèbian de èrwéimǎ.
가능합니다. 이쪽 QR코드를 스캔해주세요.

정답 | ① 打折(dǎzhé) ② 优惠券(yōuhuìquàn) ③ 微信支付(Wēixìn zhīfù)

단어 | 商品 shāngpǐn 명 상품 所有 suǒyǒu 형 모든 扫 sǎo 동 스캔하다

16 일차

생필품·전자제품

MP3 바로듣기

숨은그림찾기 오늘 배울 단어 5개를 찾아보세요.

牙刷	雨伞	电池	椅子	吹风机
칫솔	우산	건전지	의자	헤어드라이어

정답확인

* = HSK 필수단어

01
纸巾
zhǐjīn
쯜찌인

명 휴지, 티슈

我忘记买纸巾了。
Wǒ wàngjì mǎi zhǐjīn le.
워 왕찌 마이 쯜찌인 러.

제가 휴지 사는 걸 깜빡했어요.

TIP
식당에서 쓰는 냅킨은 餐巾纸(cānjīnzhǐ)이라고 해요.

02
湿巾
shījīn
쓸찌인

명 물티슈

用湿巾擦一擦手吧。
Yòng shījīn cā yi cā shǒu ba.
용 쓸찌인 차 이 차 셔우 빠.

물티슈로 손을 닦으세요.

TIP
湿巾은 '축축하다'라는 뜻의 湿과 '천, 수건'이라는 뜻의 巾이 합쳐진 단어예요.

03
牙膏 *
yágāo
야까오

명 치약

我得再买一支牙膏。
Wǒ děi zài mǎi yì zhī yágāo.
워 떼이 짜이 마이 이 쯜 야까오.

저는 치약 한 개를 더 사야 해요.

04
牙刷 *
yáshuā
야쓔아

명 칫솔

我的牙刷在洗手台上。
Wǒ de yáshuā zài xǐshǒutái shang.
워 떠 야쓔아 짜이 씨셔우타이 샹.

제 칫솔은 세면대 위에 있어요.

05
雨伞
yǔsǎn
위싸안

명 우산

我没带雨伞，真倒霉。
Wǒ méi dài yǔsǎn, zhēn dǎoméi.
워 메이 따이 위싸안, 쯔언 따오메이.

저는 우산을 안 가져왔는데, 정말 운이 나쁘네요.

06
洗发水
xǐfàshuǐ
씨ⓕ아쓔에이

명 샴푸

洗发水快用完了。
Xǐfàshuǐ kuài yòngwán le.
씨ⓕ아쓔에이 쿠아이 용완 러.

샴푸를 거의 다 썼어요.

07
护发素
hùfàsù
후ⓕ아쑤

명 린스, 컨디셔너

我对这款护发素真的很满意。
Wǒ duì zhè kuǎn hùfàsù zhēn de hěn mǎnyì.
워 뚜에이 쯔어 쿠안 후ⓕ아쑤 쯔언 떠 흐언 마안이.

저는 이 린스에 정말로 만족해요.

08
沐浴露
mùyùlù
무위루

명 바디 워시

这款沐浴露有淡淡的香味。
Zhè kuǎn mùyùlù yǒu dàndàn de xiāngwèi.
쯔어 쿠안 무위루 여우 따안따안 떠 씨앙웨이.

이 바디 워시는 은은한 향이 나요.

* = HSK 필수단어

09
洗衣粉
xǐyīfěn
씨이f언

명 세탁 세제

这款洗衣粉洗得特别干净。
Zhè kuǎn xǐyīfěn xǐ de tèbié gānjìng.
쯔어 쿠안 씨이f언 씨 떠 트어삐에 까안찌잉.

이 세탁 세제는 아주 깨끗하게 씻겨요.

10
洗洁精
xǐjiéjīng
씨찌에찌잉

명 주방 세제

这款洗洁精现在在打折。
Zhè kuǎn xǐjiéjīng xiànzài zài dǎzhé.
쯔어 쿠안 씨찌에찌잉 씨엔짜이 짜이 따쯔어.

이 주방 세제는 지금 할인하고 있어요.

11
剪刀 *
jiǎndāo
찌엔따오

명 가위

把剪刀递给我一下。
Bǎ jiǎndāo dìgěi wǒ yíxià.
빠 찌엔따오 띠께이 워 이씨아.

가위 좀 건네주세요.

12
刀 *
dāo
따오

명 칼

用刀的时候要格外小心。
Yòng dāo de shíhou yào géwài xiǎoxīn.
용 따오 떠 쓸허우 야오 끄어와이 씨아오씨인.

칼을 사용할 때는 각별히 조심해야 해요.

16일차

해커스 중국어 첫걸음 단어장

13
胶带 *

jiāodài
찌아오따이

명 (접착용) 테이프

我把我的胶带借给你。
Wǒ bǎ wǒ de jiāodài jiègěi nǐ.
워 빠 워 떠 찌아오따이 찌에께이 니.

제 테이프를 빌려줄게요.

14
电池 *

diànchí
띠엔츠

명 건전지

这个遥控器需要两节AA电池。
Zhège yáokòngqì xūyào liǎng jié AA diànchí.
쯔어끄어 야오콩치 쒸야오 리앙 찌에 AA 띠엔츠.

이 리모컨은 AA 건전지 두 개가 필요해요.

15
杀虫剂

shāchóngjì
싸초옹찌

명 살충제

这种杀虫剂效果很好。
Zhè zhǒng shāchóngjì xiàoguǒ hěn hǎo.
쯔어 쪼옹 싸초옹찌 씨아오꾸어 흐언 하오.

이런 살충제는 효과가 아주 좋아요.

16
垃圾桶

lājītǒng
라찌토옹

명 쓰레기통

桌子下面有个垃圾桶。
Zhuōzi xiàmian yǒu ge lājītǒng.
쭈어쯔 씨아미엔 여우 끄어 라찌토옹.

책상 아래에 쓰레기통이 있어요.

TIP
垃圾桶에서 **垃圾**는 '쓰레기'라는 의미예요.

17
沙发*
shāfā
쌰f아

명 소파

我想买一个新沙发。
Wǒ xiǎng mǎi yí ge xīn shāfā.
워 씨앙 마이 이 끄어 씨인 쌰f아.

저는 새 소파를 사고 싶어요.

TIP
沙发는 영어 sofa와 발음이 비슷한 한자를 이용해 음역한 거예요.

18
桌子*
zhuōzi
쮸어쯔

명 책상, 테이블

这张桌子太小了。
Zhè zhāng zhuōzi tài xiǎo le.
쯔어 쨔앙 쮸어쯔 타이 씨아오 러.

이 책상은 너무 작아요.

19
椅子*
yǐzi
이쯔

명 의자

这把椅子不是我想要的。
Zhè bǎ yǐzi bú shì wǒ xiǎng yào de.
쯔어 빠 이쯔 뿌 쓸 워 씨앙 야오 뜨어.

이 의자는 제가 원하던 것이 아니에요.

20
插排
chāpái
챠파이

명 멀티탭

我需要一个插排。
Wǒ xūyào yí ge chāpái.
워 쒸야오 이 끄어 챠파이.

저는 멀티탭 하나가 필요해요.

TIP
콘센트는 插座(chāzuò)라고 해요.

21
吹风机
chuīfēngjī
츄에이ㅇ엉찌

명 헤어드라이어

我的吹风机坏了。
Wǒ de chuīfēngjī huài le.
워 떠 츄에이ㅇ엉찌 후아이 러.

제 헤어드라이어가 고장났어요.

22
微波炉 *
wēibōlú
웨이뽀어루

명 전자레인지

请给我看看性价比好的微波炉。
Qǐng gěi wǒ kànkan xìngjiàbǐ hǎo de wēibōlú.
치잉 께이 워 카안카안 씨잉찌아삐 하오 떠 웨이뽀어루.

가성비 좋은 전자레인지 보여주세요.

23
电热水壶
diànrè shuǐhú
띠엔르어 쑤에이후

명 전기 포트

我买了一个新的电热水壶。
Wǒ mǎile yí ge xīn de diànrè shuǐhú.
워 마이러 이 끄어 씨인 떠 띠엔르어 쑤에이후.

저는 새 전기 포트를 샀어요.

24
空气净化器
kōngqì jìnghuàqì
코옹치 찌잉후아치

명 공기 청정기

这款空气净化器噪音大吗?
Zhè kuǎn kōngqì jìnghuàqì zàoyīn dà ma?
쯔어 쿠안 코옹치 찌잉후아치 짜오인 따 마?

이 공기 청정기는 소음이 큰가요?

25
加湿器
jiāshīqì
찌아쓸치

명 가습기

加湿器里没水了。
Jiāshīqì li méi shuǐ le.
찌아쓸치 리 메이 쑤에이 러.

가습기 안에 물이 없어요.

26
除湿机
chúshījī
츄쓸찌

명 제습기

除湿机的水箱满了。
Chúshījī de shuǐxiāng mǎn le.
츄쓸찌 떠 쑤에이씨앙 마안 러.

제습기의 물통이 가득 찼어요.

27
空调 *
kōngtiáo
코옹티아오

명 에어컨

请帮我开一下空调。
Qǐng bāng wǒ kāi yíxià kōngtiáo.
치잉 빠앙 워 카이 이씨아 코옹티아오.

에어컨 좀 틀어주세요.

28
遥控器
yáokòngqì
야오코옹치

명 리모콘

遥控器又不见了。
Yáokòngqì yòu bú jiàn le.
야오코옹치 여우 뿌 찌엔 러.

리모콘이 또 사라졌어요.

29
洗衣机*
xǐyījī
씨이찌

명 세탁기

这款洗衣机很省水也很省电。
Zhè kuǎn xǐyījī hěn shěng shuǐ yě hěn shěng diàn.
쯔어 쿠안 씨이찌 흐언 쓰엉 쓔에이 예 흐언 쓰엉 띠엔.

이 세탁기는 물도 적게 쓰고 전기도 적게 들어요.

30
烘干机
hōnggānjī
호옹까안찌

명 건조기

下雨天有烘干机真方便。
Xià yǔ tiān yǒu hōnggānjī zhēn fāngbiàn.
씨아 위 티엔 여우 호옹까안찌 쯔언 ⓕ아앙삐엔.

비 오는 날에 건조기가 있으니 정말 편해요.

31
电风扇
diànfēngshàn
띠엔ⓕ엉쌰안

명 선풍기

这台电风扇很安静。
Zhè tái diànfēngshàn hěn ānjìng.
쯔어 타이 띠엔ⓕ엉쌰안 흐언 아안찌잉.

이 선풍기는 조용해요.

32
笔记本电脑
bǐjìběn diànnǎo
삐찌쁘언 띠엔나오

명 노트북

我的笔记本电脑没电了，需要充电。
Wǒ de bǐjìběn diànnǎo méi diàn le, xūyào chōngdiàn.
워 떠 삐찌쁘언 띠엔나오 메이 띠엔 러, 쒸야오 쵸옹띠엔.

제 노트북은 배터리가 다 돼서, 충전이 필요해요.

라이브 스몰톡

빈칸의 한국어를 중국어로 바꾸면서 직접 말해보세요.

MP3 바로듣기

나

我可以借你的 ①샴푸 和 ②바디 워시 吗？我没带。
Wǒ kěyǐ jiè nǐ de ① ______ hé ② ______ ma? Wǒ méi dài.
내가 네 샴푸와 바디 워시를 빌릴 수 있을까? 나 안 챙겨 왔어.

친구

当然可以，你用吧。
Dāngrán kěyǐ, nǐ yòng ba.
당연히 되지. 써.

나

谢谢！对了，你知道 ③헤어드라이어 在哪儿吗？
Xièxie! Duì le, nǐ zhīdào ③ ______ zài nǎr ma?
고마워! 참, 너 헤어드라이어 어디 있는지 알아?

친구

我刚才看到在沙发旁边。
Wǒ gāngcái kàndào zài shāfā pángbiān.
방금 소파 옆에서 봤어.

정답 | ① 洗发水(xǐfàshuǐ) ② 沐浴露(mùyùlù) ③ 吹风机(chuīfēngjī)

단어 | 借 jiè 동 빌리다 带 dài 동 챙기다 当然 dāngrán 부 당연히 刚才 gāngcái 명 방금

16일차 해커스 중국어 첫걸음 단어장

17 일차

패션

MP3 바로듣기

숨은그림찾기

오늘 배울 단어 5개를 찾아보세요.

T恤	裤子	眼镜	帽子	戒指
티셔츠	바지	안경	모자	반지

정답확인

01
衣服 *
yīfu
이푸

명 옷

衣服很多，但没有衣服可穿。
Yīfu hěn duō, dàn méiyǒu yīfu kě chuān.
이푸 흐언 뚜어, 따안 메이여우 이푸 크어 츄안.

옷은 많은데, 입을 만한 옷이 없어요.

02
T恤
T xù
티쒸

명 티셔츠

TIP
恤는 영어 shirts와 발음이 비슷한 한자를 이용해 음역한 거예요.

找一件不错的T恤很不容易。
Zhǎo yí jiàn búcuò de T xù hěn bù róngyì.
쟈오 이 찌엔 뿌추어 떠 티쒸 흐언 뿌 로옹이.

괜찮은 티셔츠 한 벌 찾기가 쉽지 않네요.

03
裤子 *
kùzi
쿠쯔

명 바지

这条裤子太大了。
Zhè tiáo kùzi tài dà le.
쪄어 티아오 쿠쯔 타이 따 러.

이 바지가 너무 커요.

04
牛仔裤 *
niúzǎikù
니어우짜이쿠

명 청바지

这条牛仔裤搭配什么上衣好?
Zhè tiáo niúzǎikù dāpèi shénme shàngyī hǎo?
쪄어 티아오 니어우짜이쿠 따페이 쎤므어 샹이 하오?

이 청바지에 무슨 상의를 매치하면 좋을까요?

05
裙子 *
qúnzi
췬쯔

명 치마

我穿这条裙子怎么样?
Wǒ chuān zhè tiáo qúnzi zěnmeyàng?
워 츄안 쯔어 티아오 췬쯔 쯔언므어양?

제가 이 치마를 입은 거 어때요?

06
连衣裙
liányīqún
리엔이췬

명 원피스

我觉得这条连衣裙挺合身的。
Wǒ juéde zhè tiáo liányīqún tǐng héshēn de.
워 쮜에뜨어 쯔어 티아오 리엔이췬 티잉 흐어쓰언 뜨어.

이 원피스가 아주 잘 맞는 것 같아요.

07
外套 *
wàitào
와이타오

명 아우터, 외투

这件外套的颜色很好看。
Zhè jiàn wàitào de yánsè hěn hǎokàn.
쯔어 찌엔 와이타오 뜨어 옌쓰어 흐언 하오카안.

이 아우터의 색상이 예쁘네요.

08
鞋 *
xié
씨에

명 신발

买鞋前先试穿比较好。
Mǎi xié qián xiān shì chuān bǐjiào hǎo.
마이 씨에 치엔 씨엔 쓸 츄안 삐찌아오 하오.

신발을 사기 전에 먼저 신어 보는 것이 좋아요.

09
袜子 *
wàzi
와쯔

명 양말

我买了几双新的袜子。
Wǒ mǎile jǐ shuāng xīn de wàzi.
워 마이러 찌 쓔앙 씨인 떠 와쯔.

저는 새 양말 몇 켤레를 샀어요.

10
眼镜 *
yǎnjìng
옌찌잉

명 안경

配眼镜需要多长时间?
Pèi yǎnjìng xūyào duō cháng shíjiān?
페이 옌찌잉 쒸야오 뚜어 챠앙 쓸찌엔?

안경 맞추는 데 시간이 얼마나 걸릴까요?

11
太阳镜
tàiyángjìng
타이양찌잉

명 선글라스

我在免税店买了一副太阳镜。
Wǒ zài miǎnshuìdiàn mǎile yí fù tàiyángjìng.
워 짜이 미엔쓔에이띠엔 마이러 이 푸 타이양찌잉.

면세점에서 선글라스 한 개를 샀어요.

12
帽子 *
màozi
마오쯔

명 모자

照片里的这顶帽子有吗?
Zhàopiàn li de zhè dǐng màozi yǒu ma?
짜오피엔 리 떠 쯔어 띠잉 마오쯔 여우 마?

사진 속의 이 모자가 있나요?

13
手表*
shǒubiǎo
셔우삐아오

명 워치, 손목시계

我推荐你买智能**手表**。
Wǒ tuījiàn nǐ mǎi zhìnéng shǒubiǎo.
워 투에이찌엔 니 마이 쯔느엉 셔우삐아오.

저는 스마트**워치**를 사는 것을 추천해요.

> **TIP** 스마트워치는 智能手表(zhìnéng shǒubiǎo)라고 해요.

14
项链*
xiàngliàn
씨앙리엔

명 목걸이

我想买条**项链**送给妈妈，你可以推荐吗？
Wǒ xiǎng mǎi tiáo xiàngliàn sònggěi māma, nǐ kěyǐ tuījiàn ma?
워 씨앙 마이 티아오 씨앙리엔 쏘옹께이 마마, 니 크어이 투에이찌엔 마?

엄마에게 선물할 **목걸이**를 사고 싶은데, 추천해주실 수 있나요?

15
耳环*
ěrhuán
으얼후안

명 귀걸이

你看到我掉的**耳环**了吗？
Nǐ kàndào wǒ diào de ěrhuán le ma?
니 카안따오 워 띠아오 뜨 으얼후안 러 마?

제가 떨어뜨린 **귀걸이**를 보셨나요?

16
戒指*
jièzhi
찌에쯜

명 반지

这个**戒指**是结婚**戒指**吗？
Zhège jièzhi shì jiéhūn jièzhi ma?
쯔어끄어 찌에쯜 쓸 찌에후언 찌에쯜 마?

이 **반지**는 결혼**반지**인가요?

17
皮带
pídài
피따이

명 벨트, 허리띠

我在找搭配正装的皮带。
Wǒ zài zhǎo dāpèi zhèngzhuāng de pídài.
워 짜이 쟈오 따페이 쯔엉쮸앙 떠 피따이.

저는 정장에 매치할 벨트를 찾고 있어요.

18
穿 *
chuān
츄안

동 입다, 신다

你穿的衣服正是我喜欢的风格。
Nǐ chuān de yīfu zhèng shì wǒ xǐhuan de fēnggé.
니 츄안 떠 이ⓕ우 쯔엉 쓸 워 씨후안 떠 ⓕ으엉끄어.

당신이 입은 옷이 바로 제가 좋아하는 스타일이에요.

19
戴 *
dài
따이

동 쓰다, 착용하다, 차다

他原来戴眼镜吗?
Tā yuánlái dài yǎnjìng ma?
타 위엔라이 따이 옌찌잉 마?

그는 원래 안경을 썼었나요?

TIP
戴는 안경, 모자, 액세서리, 마스크 등 신체의 특정 부위에 소품을 착용할 때 사용해요.

20
试 *
shì
쓸

동 ~해 보다, 테스트하다

这顶帽子可以试戴吗?
Zhè dǐng màozi kěyǐ shì dài ma?
쯔어 띠잉 마오쯔 크어이 쓸 따이 마?

이 모자를 써 봐도 되나요?

21
试衣间
shìyījiān
쓸이찌엔

명 피팅룸

试衣间里有人吗?
Shìyījiān li yǒu rén ma?
쓸이찌엔 리 여우 르언 마?

피팅룸 안에 사람이 있나요?

TIP
탈의실이나 락커룸은 **更衣室**(gēngyīshì)이라고 해요.

22
喜欢 *
xǐhuan
씨후안

동 좋아하다

这几个当中我最喜欢这个。
Zhè jǐ ge dāngzhōng wǒ zuì xǐhuan zhège.
쯔어 찌 끄어 따앙쫑 워 쭈에이 씨후안 쯔어끄어.

이 몇 개 중에서 저는 이걸 가장 좋아해요.

23
好看 *
hǎokàn
하오카안

형 예쁘다, 보기 좋다

哇，真好看！买这件吧。
Wā, zhēn hǎokàn! Mǎi zhè jiàn ba.
와, 쯔언 하오카안! 마이 쯔어 찌엔 빠.

와, 정말 예쁘다! 이것으로 사자.

24
合适 *
héshì
흐어쓸

형 잘 어울리다, 알맞다

你觉得我穿这个合适吗?
Nǐ juéde wǒ chuān zhège héshì ma?
니 쮜에뜨어 워 츄안 쯔어끄어 흐어쓸 마?

이 옷이 저한테 잘 어울리는 것 같아요?

TIP
'어울리다'라는 뜻의 동사로 **适合**(shìhé)도 있어요. **适合**는 뒤에 목적어가 올 수 있지만, **合适**은 형용사이기 때문에 목적어가 올 수 없어요.

25
风格*
fēnggé
f엉끄어

명 스타일, 분위기

这种**风格**好像不太适合我。
Zhè zhǒng fēnggé hǎoxiàng bú tài shìhé wǒ.
쯔어 죵옹 f엉끄어 하오씨앙 뿌 타이 쓸흐어 워.

이런 **스타일**은 제게 어울리지 않는 것 같아요.

26
尺码
chǐmǎ
츨마

명 사이즈, 치수

TIP
크고 작음을 나타내는 大小(dàxiǎo)도 '사이즈, 크기'라는 뜻으로 쓰여요.

这双鞋的**尺码**刚刚好。
Zhè shuāng xié de chǐmǎ gānggāng hǎo.
쯔어 슈앙 씨에 떠 츨마 까앙까앙 하오.

이 신발 **사이즈**가 딱 좋아요.

27
大*
dà
따

형 크다

有没有**大**一点儿的?
Yǒu méiyǒu dà yìdiǎnr de ?
여우 메이여우 따 이띠알 떠?

조금 더 **큰** 거 있어요?

28
小*
xiǎo
씨아오

형 작다

小码的我也想试试。
Xiǎo mǎ de wǒ yě xiǎng shìsh .
씨아오 마 떠 워 예 씨앙 쓸쓸.

작은 사이즈도 입어 보고 싶어요.

29
颜色*
yánsè
옌쓰어

명 색상, 색깔

这件衣服有什么颜色?
Zhè jiàn yīfu yǒu shénme yánsè?
쯔어 찌엔 이푸 여우 쓰언므어 옌쓰어?

이 옷은 어떤 색상이 있어요?

30
男女同款
nánnǚ tóngkuǎn
난뉘 퉁쿠안

명 남녀 공용, 유니섹스

这个品牌主要做男女同款的衣服。
Zhège pǐnpái zhǔyào zuò nánnǚ tóngkuǎn de yīfu.
쯔어끄어 핀파이 쥬야오 쭈어 난뉘 퉁쿠안 뜨어 이푸.

이 브랜드는 주로 남녀 공용의 옷을 만들어요.

31
商店*
shāngdiàn
샹띠엔

명 가게, 상점

我以前来过这家商店。
Wǒ yǐqián láiguo zhè jiā shāngdiàn.
워 이치엔 라이꿔 쯔어 찌아 샹띠엔.

저는 예전에 이 가게에 와본 적이 있어요.

32
逛*
guàng
꾸앙

동 구경하다, 거닐다

TIP
逛逛처럼 동사가 2번 반복되면, 두 번째 글자는 경성으로 가볍게 발음해요.

我先去逛逛别的店，再回来。
Wǒ xiān qù guàngguang biéde diàn, zài huílai.
워 씨엔 취 꾸앙꾸앙 삐에뜨어 띠엔, 짜이 후에이라이.

먼저 다른 가게들을 구경하고, 다시 올게요.

라이브 스몰톡

빈칸의 한국어를 중국어로 바꾸면서 직접 말해보세요.

MP3 바로듣기

나

你今天 ①입다 的 ②바지 真好看，在哪儿买的？
Nǐ jīntiān ① ______ de ② ______ zhēn hǎokàn, zài nǎr mǎi de?
너 오늘 입은 바지 정말 예쁘다. 어디서 샀어?

친구

我昨天在百货商店买的，质量很不错。
Wǒ zuótiān zài bǎihuò shāngdiàn mǎi de, zhìliàng hěn búcuò.
어제 백화점에서 샀어. 품질이 괜찮아.

나

我也想买 ③청바지，但不知道什么 ④스타일 适合我。
Wǒ yě xiǎng mǎi ③ ______, dàn bù zhīdào shénme ④ ______ shìhé wǒ.
나도 청바지를 사고 싶은데, 어떤 스타일이 나한테 어울릴지 모르겠어.

친구

下次我带你去那家店看看吧。
Xià cì wǒ dài nǐ qù nà jiā diàn kànkan ba.
다음 번에 내가 너 그 가게에 한번 데려가 줄게.

정답 | ① 穿(chuān) ② 裤子(kùzi) ③ 牛仔裤(niúzǎikù) ④ 风格(fēnggé)

단어 | 百货商店 bǎihuò shāngdiàn 명 백화점 适合 shìhé 동 어울리다 下次 xià cì 다음 번

18 일차

미용

MP3 바로듣기

숨은그림찾기 오늘 배울 단어 5개를 찾아보세요.

面膜	香水	镜子	梳子	烫发
마스크 팩	향수	거울	빗	파마하다

정답확인

* = HSK 필수단어

01
化妆品
huàzhuāngpǐn
후아쮸앙피인

명 화장품

这个网站的化妆品现在打五折。
Zhège wǎngzhàn de huàzhuāngpǐn xiànzài dǎ wǔ zhé.
쯔어끄어 왕쨔안 떠 후아쮸앙피인 씨엔짜이 따 우 쯔어.

이 사이트의 화장품이 지금 50% 할인 중이에요.

02
爽肤水
shuǎngfūshuǐ
쓔앙푸쓔에이

명 토너, 스킨

最近什么爽肤水卖得最好?
Zuìjìn shénme shuǎngfūshuǐ mài de zuì hǎo?
쭈에이찌인 쓰언므어 쓔앙푸쓔에이 마이 떠 쭈에이 하오?

요즘 어떤 토너가 가장 잘 팔려요?

03
乳液
rǔyè
루예

명 로션, 에멀젼

乳液也买的话有优惠吗?
Rǔyè yě mǎi de huà yǒu yōuhuì ma?
루예 예 마이 떠 후아 여우 여우후에이 마?

로션도 사면 혜택이 있나요?

04
保湿霜
bǎoshīshuāng
빠오쓰쓔앙

명 수분 크림

我还想看看保湿霜。
Wǒ hái xiǎng kànkan bǎoshīshuāng.
워 하이 씨앙 카안카안 빠오쓰쓔앙.

저는 수분 크림도 보고 싶어요.

18일차

해커스 중국어 첫걸음 단어장

05

防晒霜

fángshàishuāng
ⓕ아앙쌰이쓔앙

명 선크림, 자외선 차단제

阴天的时候也要擦防晒霜。
Yīntiān de shíhou yě yào cā fángshàishuāng.
인티엔 떠 쓸허우 예 야오 차 ⓕ아앙쌰이쓔앙.

흐린 날에도 선크림을 발라야 해요.

06

洗面奶

xǐmiànnǎi
씨미엔나이

명 클렌징폼

这个洗面奶非常温和。
Zhège xǐmiànnǎi fēicháng wēnhé.
쯔어끄어 씨미엔나이 ⓕ에이챵앙 원흐어.

이 클렌징폼은 매우 순해요.

TIP
화장품에서 水나 液는 액체 종류를, 霜은 흰 크림 종류를 나타내고, 奶는 거품이 나는 제품에서 자주 쓰여요.

07

化妆*

huàzhuāng
후아쮸앙

동 화장하다

我好久没化妆了。
Wǒ hǎojiǔ méi huàzhuāng le.
워 하오찌어우 메이 후아쮸앙 러.

저는 오랫동안 화장하지 않았어요.

08

卸妆

xièzhuāng
씨에쮸앙

동 화장을 지우다

卸妆是最麻烦的事情。
Xièzhuāng shì zuì máfan de shìqing.
씨에쮸앙 쓸 쭈에이 마ⓕ안 떠 쓸치잉.

화장 지우는 게 가장 귀찮은 일이에요.

09
保湿

bǎoshī
빠오쓰

동 보습하다

秋冬季节要特别注意保湿。
Qiū dōng jìjié yào tèbié zhùyì bǎoshī.
치어우 또옹 찌찌에 야오 트어삐에 쮸이 빠오쓰.

가을 겨울철에는 특히 보습에 신경 써야 해요.

10
皮肤 *

pífū
피ⓕ우

명 피부

我的皮肤非常敏感。
Wǒ de pífū fēicháng mǐngǎn.
워 떠 피ⓕ우 ⓕ에이챠앙 미인까안.

제 피부는 매우 민감해요.

11
面膜

miànmó
미엔모어

명 마스크 팩

我每天睡前都敷面膜。
Wǒ měitiān shuì qián dōu fū miànmó.
워 메이티엔 쑤에이 치엔 떠우 ⓕ우 미엔모어.

저는 매일 자기 전에 마스크 팩을 해요.

TIP
쿠션 팩트는 气垫(qìdiàn)이라고 해요.

12
粉底

fěndǐ
ⓕ으언띠

명 파운데이션

我从以前就一直用这款粉底。
Wǒ cóng yǐqián jiù yìzhí yòng zhè kuǎn fěndǐ.
워 초옹 이치엔 찌어우 이쯔 용 쯔어 쿠안 ⓕ으언띠.

저는 옛날부터 쭉 이 파운데이션을 쓰고 있어요.

13
遮瑕膏
zhēxiágāo
쯔어씨아까오

명 컨실러

遮瑕膏涂太多会显得不自然。
Zhēxiágāo tú tài duō huì xiǎnde bú zìrán.
쯔어씨아까오 투 타이 뚜어 후에이 씨엔뜨어 뿌 쯔라안.

컨실러를 너무 많이 바르면 부자연스러워 보일 수 있어요.

14
唇釉
chúnyòu
츄언여우

명 틴트

TIP
구어에서는 **掉色**(색이 지워지다)를 diàosè라고도 자주 말하지만, diàoshǎi가 정확한 발음이에요.

这个牌子的唇釉不容易掉色。
Zhège páizi de chúnyòu bù róngyì diàoshǎi.
쯔어끄어 파이쯔 떠 츄언여우 뿌 로옹이 띠아오쌰이.

이 브랜드의 틴트는 색이 쉽게 지워지지 않아요.

15
口红
kǒuhóng
커우호옹

명 립스틱

这支口红的颜色很适合你。
Zhè zhī kǒuhóng de yánsè hěn shìhé nǐ.
쯔어 쯔 커우호옹 떠 옌쓰어 흐언 쓰흐어 니.

이 립스틱 색상이 당신에게 어울려요.

16
润唇膏
rùnchúngāo
루언츄언까오

명 립밤

润唇膏对我来说是必需品。
Rùnchúngāo duì wǒ láishuō shì bìxūpǐn.
루언츄언까오 뚜에이 워 라이쑤어 쓰 삐쒸피인.

립밤은 저한테 필수품이에요.

17
眼线笔
yǎnxiànbǐ
옌씨엔삐

명 아이라이너

TIP
眼线笔는 '눈'이라는 뜻의 眼과 '선'이라는 뜻의 线, 그리고 '펜'이라는 뜻의 笔가 합쳐진 단어예요.

这支**眼线笔**很好用，你也试试吧。
Zhè zhī yǎnxiànbǐ hěn hǎoyòng, nǐ yě shìshi ba.
쯔어 쯜 옌씨엔삐 흐언 하오용, 니 예 쓸쓸 빠.

이 **아이라이너**는 쓰기 편해요. 당신도 한 번 써보세요.

18
眼影
yǎnyǐng
옌잉

명 아이섀도

TIP
眼影은 '눈'이라는 뜻의 眼과 '그림자, 음영'이라는 뜻의 影이 합쳐진 단어예요.

这个颜色的**眼影**不错吧？
Zhège yánsè de yǎnyǐng búcuò ba?
쯔어끄어 옌쓰어 떠 옌잉 뿌추어 빠?

이 색상의 **아이섀도** 괜찮죠?

19
睫毛膏
jiémáogāo
찌에마오까오

명 마스카라

这个**睫毛膏**很持久。
Zhège jiémáogāo hěn chíjiǔ.
쯔어끄어 찌에마오까오 흐언 츨찌어우.

이 **마스카라**는 오래 지속돼요.

20
眉毛 *
méimao
메이마오

명 눈썹

修**眉毛**太难了。
Xiū méimao tài nán le.
씨어우 메이마오 타이 나안 러.

눈썹 다듬는 건 너무 어려워요.

21
香水*

xiāngshuǐ
씨앙쓔에이

명 향수

这款香水的味道很清淡。
Zhè kuǎn xiāngshuǐ de wèidào hěn qīngdàn.
쯔어 쿠안 씨앙쓔에이 떠 웨이따오 흐언 치잉따안.

이 향수의 향이 아주 은은하네요.

22
试用装

shìyòngzhuāng
쓸용쭈앙

명 테스트 제품, 샘플

这个产品没有试用装吗?
Zhège chǎnpǐn méiyǒu shìyòngzhuāng ma?
쯔어끄어 챠안피인 메이여우 쓸용쭈앙 마?

이 제품은 테스트 제품이 없나요?

23
镜子*

jìngzi
찌잉쯔

명 거울

这里有镜子吗?
Zhèli yǒu jìngzi ma?
쯔어리 여우 찌잉쯔 마?

여기 거울이 있나요?

24
梳子*

shūzi
쓔쯔

명 빗

你的梳子能借我用一下吗?
Nǐ de shūzi néng jiè wǒ yòng yíxià ma?
니 떠 쓔쯔 느엉 찌에 워 용 이씨아 마?

당신의 빗을 제가 빌려 쓸 수 있을까요?

* = HSK 필수단어

25
剪*
jiǎn
찌엔

동 커트하다, 자르다, 다듬다

TIP
'(머리를) 다듬다'는 剪이라고도 하고, 修(xiū)라고 해도 돼요.

请帮我剪得整齐一点儿。
Qǐng bāng wǒ jiǎn de zhěngqí yìdiǎnr.
치잉 빠앙 워 찌엔 떠 쯔엉치 이띠알.

조금 단정하게 커트해주세요.

26
刘海
liúhǎi
리어우하이

명 앞머리

刘海是我自己剪的。
Liúhǎi shì wǒ zìjǐ jiǎn de.
리어우하이 쓸 워 쯔찌 찌엔 떠.

앞머리는 제가 스스로 자른 거예요.

27
烫发
tàngfà
타앙ⓕ아

동 파마하다

TIP
烫发, 染发의 发는 fà로 발음하지만, '머리카락'을 뜻하는 头发(tóufa)에서는 发를 fa로 가볍게 발음해요.

请按照这张照片给我烫发。
Qǐng ànzhào zhè zhāng zhàopiàn gěi wǒ tàngfà.
치잉 아안쨔오 쯔어 쨔앙 쨔오피엔 께이 워 타앙ⓕ아.

이 사진처럼 파마해주세요.

28
染发
rǎnfà
라안ⓕ아

동 염색하다

你染发了吧? 颜色很好看。
Nǐ rǎnfàle ba? Yánsè hěn hǎokàn.
니 라안ⓕ아러 빠? 옌쓰어 흐언 하오카안.

염색했죠? 색깔이 정말 예뻐요.

18일차
해커스 중국어 첫걸음 단어장

29
拉直
lā zhí
라 쯔

매직하다, 머리를 펴다

我想把卷发拉直。
Wǒ xiǎng bǎ juǎnfà lā zhí.
워 씨앙 빠 쮜엔fa 라 쯔.

저는 곱슬머리를 매직하고 싶어요.

30
打层次
dǎ céngcì
따 츠엉츠

층을 내다

如果打层次的话会很难打理吗?
Rúguǒ dǎ céngcì de huà huì hěn nán dǎlǐ ma?
루꾸어 따 츠엉츠 떠 후아 후에이 흐언 난 따리 마?

층을 내면 손질하기 어려운가요?

31
打薄
dǎ báo
따 빠오

숱을 치다

我的头发太厚了，需要打薄一下。
Wǒ de tóufa tài hòu le, xūyào dǎ báo yíxià.
워 떠 터우fa 타이 허우 러, 쒸야오 따 빠오 이씨아.

제 머리가 너무 숱이 많아서, 숱을 좀 쳐야 해요.

32
服帖烫
fútiētàng
f우티에탕

명 다운펌

做服帖烫需要多长时间?
Zuò fútiētàng xūyào duō cháng shíjiān?
쭈어 f우티에탕 쒸야오 뚜어 챵 쓰지엔?

다운펌을 하면 시간이 얼마나 걸리나요?

라이브 스몰톡

빈칸의 한국어를 중국어로 바꾸면서 직접 말해보세요.

MP3 바로듣기

나

我想买一支 ①선크림，可以推荐一下吗？
Wǒ xiǎng mǎi yì zhī ①　　　, kěyǐ tuījiàn yíxià ma?
선크림 하나를 사고 싶은데, 추천해 주실 수 있을까요?

판매원

这一款比较好，还有保湿作用。
Zhè yì kuǎn bǐjiào hǎo, hái yǒu bǎoshī zuòyòng.
이 제품이 비교적 좋고, 보습 효과도 있어요.

나

我的 ②피부 很容易过敏，可以用一下 ③테스트 제품 吗？
Wǒ de ②　　　 hěn róngyì guòmǐn, kěyǐ yòng yíxià ③　　　 ma?
제 피부는 알레르기가 잘 생기는데, 테스트 제품 사용해 볼 수 있을까요?

판매원

没问题，我给您拿。
Méi wèntí, wǒ gěi nín ná.
문제없어요. 제가 가져다 드릴게요.

정답 | ① 防晒霜(fángshàishuāng) ② 皮肤(pífū) ③ 试用装(shìyòngzhuāng)

단어 | 比较 bǐjiào 부 비교적　作用 zuòyòng 명 효과　过敏 guòmǐn 동 알레르기 반응을 보이다

4편

탄탄한 미래를 위해

- 커리어 · 재테크 · 건강

19 일차

학업

MP3 바로듣기

숨은그림찾기 오늘 배울 단어 5개를 찾아보세요.

学习	寒假	英语	数学	记
공부하다, 학습하다	겨울 방학	영어	수학	필기하다, 기록하다

정답확인

01
学习 *
xuéxí
쒸에씨

동 공부하다, 학습하다

我每天都在图书馆学习到很晚。
Wǒ měitiān dōu zài túshūguǎn xuéxí dào hěn wǎn.
워 메이티엔 떠우 짜이 투쓔구안 쒸에씨 따오 흐언 완.

저는 매일 도서관에서 늦게까지 공부해요.

02
留学 *
liúxué
리어우쒸에

동 유학하다

越来越多的中国学生选择去韩国留学。
Yuèláiyuè duō de Zhōngguó xuésheng xuǎnzé qù Hánguó liúxué.
위에라이위에 뚜어 떠 쭝꾸어 쒸에쓰엉 쒸엔쯔어 취 하안꾸어 리어우쒸에.

점점 더 많은 중국 학생들이 한국 유학을 선택해요.

03
教育 *
jiàoyù
찌아오위

명 교육 동 교육하다

父母非常关注孩子的教育问题。
Fùmǔ fēicháng guānzhù háizi de jiàoyù wèntí.
f우무 f에이차앙 꾸안쮸 하이쯔 떠 찌아오위 원티.

부모는 아이들의 교육 문제에 매우 관심을 가져요.

04
课 *
kè
크어

명 과목, 수업, 강의

这门课考试难度比较大。
Zhè mén kè kǎoshì nándù bǐjiào dà.
쯔어 므언 크어 카오쓰 나안뚜 삐찌아오 따.

이 과목의 시험 난도가 비교적 높아요.

05
考试*
kǎoshì
카오쓰

동 시험을 보다 명 시험

考试结束后，同学们在讨论答案。
Kǎoshì jiéshù hòu, tóngxuémen zài tǎolùn dá'àn.
카오쓰 찌에쓔 허우, 토옹쒸에므언 짜이 타오루언 따아안.

시험이 끝난 후, 학생들이 답을 논의하고 있어요.

06
期中考试
qīzhōng kǎoshì
치쯔옹 카오쓰

명 중간고사

期中考试的范围是从第一章到第八章。
Qīzhōng kǎoshì de fànwéi shì cóng dìyī zhāng dào dì bā zhāng.
치쯔옹 카오쓰 뜨어 ⓕ아안웨이 쓰 초옹 띠이 쨔앙 따오 띠 빠 쨔앙.

중간고사 범위는 1장부터 8장까지예요.

07
期末考试
qīmò kǎoshì
치모어 카오쓰

명 기말고사

我觉得这次期末考试有点儿难。
Wǒ juéde zhè cì qīmò kǎoshì yǒudiǎnr nán.
워 쮜에뜨어 쯔어 츠 치모어 카오쓰 여우띠알 나안.

저는 이번 기말고사가 좀 어려웠다고 생각해요.

08
辅导*
fǔdǎo
ⓕ우따오

동 과외하다, 지도하다

我最近在家接受英语辅导。
Wǒ zuìjìn zài jiā jiēshòu Yīngyǔ fǔdǎo.
워 쭈에이찌인 짜이 찌아 찌에쎠우 잉위 ⓕ우따오.

저는 요즘 집에서 영어 과외를 받아요.

09
复习*
fùxí
푸씨

동 복습하다

放学后我都会**复习**当天学过的东西。
Fàngxué hòu wǒ dōu huì fùxí dāngtiān xuéguo de dōngxi.
f아앙쒸에 허우 워 떠우 후에이 f우씨 따앙티엔 쒸에꿔 떠 또옹씨.

방과 후에 저는 그날 배운 것을 **복습해요**.

10
预习*
yùxí
위씨

동 예습하다

他正在**预习**明天的上课内容。
Tā zhèngzài yùxí míngtiān de shàngkè nèiróng.
타 쯔엉짜이 위씨 미잉티엔 떠 샤앙크어 네이로옹.

그는 내일 수업 내용을 **예습하고** 있어요.

11
记*
jì
찌

동 필기하다, 기록하다

我把老师说的重要部分都**记**下来了。
Wǒ bǎ lǎoshī shuō de zhòngyào bùfen dōu jì xiàlai le.
워 빠 라오쓸 슈어 떠 쪼옹야오 뿌f으언 떠우 찌 씨아라이 러.

저는 선생님이 말씀하신 중요한 부분을 모두 **필기**했어요.

12
专业*
zhuānyè
쭈안예

명 학과, 전공 형 전문적인

我在大学读的是对外汉语**专业**。
Wǒ zài dàxué dú de shì duìwài Hànyǔ zhuānyè.
워 짜이 따쒸에 뚜 떠 쓸 뚜에이와이 하안위 쭈안예.

제가 대학에서 전공한 것은 대외한어 **학과**예요.

13
成绩 *
chéngjì
츠엉찌

명 성적

他的英语成绩一直很好。
Tā de Yīngyǔ chéngjì yìzhí hěn hǎo.
타 떠 잉위 츠엉찌 이쯜 흐언 하오.

그의 영어 성적은 줄곧 좋아요.

14
学分 *
xuéfēn
쒸에으언

명 학점

为了顺利毕业，我需要修满120个学分。
Wèile shùnlì bìyè, wǒ xūyào xiūmǎn yì bǎi èrshí ge xuéfēn.
웨이르어 쓔언리 삐예, 워 쒸야오 씨어우마안 이 빠이 으얼쓸 끄어 쒸에으언.

순조롭게 졸업하기 위해, 저는 120학점을 이수해야 해요.

15
暑假 *
shǔjià
쓔찌아

명 여름 방학

这个暑假我计划去欧洲旅行。
Zhège shǔjià wǒ jìhuà qù Ōuzhōu lǚxíng.
쯔어끄어 쓔찌아 워 찌후아 취 어우쩌우 뤼씽.

이번 여름 방학에 저는 유럽으로 여행 갈 계획이에요.

TIP

寒假, 暑假는 동사 放(fàng, 쉬다/놀다)과 함께 자주 써요. 放寒假는 '겨울 방학을 하다'라는 의미예요.

16
寒假 *
hánjià
하안찌아

명 겨울 방학

我希望这个寒假过得很有意义。
Wǒ xīwàng zhège hánjià guò de hěn yǒu yìyì.
워 씨왕 쯔어끄어 하안찌아 꾸어 떠 흐언 여우 이이.

저는 이번 겨울 방학을 아주 의미 있게 보내고 싶어요.

17
节 *
jié
찌에

㊢ 교시

今天上午总共有四节课。
Jīntiān shàngwǔ zǒnggòng yǒu sì jié kè.
찌인티엔 쌰앙우 쪼옹꼬옹 여우 쓰 찌에 크어.

오늘 오전에 총 4교시가 있어요.

18
语文 *
yǔwén
위원

명 국어, 어문

我最喜欢上语文课。
Wǒ zuì xǐhuan shàng yǔwén kè.
워 쭈에이 씨후안 쌰앙 위원 크어.

저는 국어 수업 듣는 걸 가장 좋아해요.

19
英语
Yīngyǔ
잉위

명 영어

我们班的英语老师是从美国来的。
Wǒmen bān de Yīngyǔ lǎoshī shì cóng Měiguó lái de.
워므언 빠안 떠 잉위 라오쓸 쓸 초옹 메이꾸어 라이 떠.

우리 반 영어 선생님은 미국에서 왔어요.

20
数学 *
shùxué
쓔쒸에

명 수학

数学课学的内容越来越难了。
Shùxué kè xué de nèiróng yuèláiyuè nán le.
쓔쒸에 크어 쒸에 떠 네이로옹 위에라이위에 나안 러.

수학 수업에서 배우는 내용이 점점 어려워져요.

21
必修课
bìxiū kè
삐씨어우 크어

명 필수 과목

所有的必修课都必须及格才能毕业。
Suǒyǒu de bìxiū kè dōu bìxū jígé cái néng bìyè.
쑤어여우 떠 삐씨어우 크어 떠우 삐쒸 찌끄어 차이 느엉 삐예.

모든 필수 과목을 꼭 합격해야 졸업할 수 있어요.

22
选修课
xuǎnxiū kè
쒸엔씨어우 크어

명 선택 과목

这门选修课的人数限制是30名。
Zhè mén xuǎnxiū kè de rénshù xiànzhì shì sānshí míng.
쯔어 므언 쒸엔씨어우 크어 떠 르언쑤 씨엔쯔 쓰 싸안스 미잉.

이 선택 과목의 인원 제한은 30명이에요.

23
课程表
kèchéngbiǎo
크어츠엉삐아오

명 수업 시간표

TIP
课程表는 간단하게 课表(kèbiǎo)라고 말하기도 해요.

新学期的课程表已经公布了。
Xīn xuéqī de kèchéngbiǎo yǐjīng gōngbù le.
씨인 쒸에치 떠 크어츠엉삐아오 이찌잉 꼬옹뿌 러.

새 학기 시간표가 이미 공지됐어요.

24
逃课
táokè
타오크어

동 수업을 빼먹다, 땡땡이치다

如果经常逃课，学习肯定跟不上。
Rúguǒ jīngcháng táokè, xuéxí kěndìng gēn bu shang.
루꾸어 찌잉챠앙 타오크어, 쒸에씨 크언띠잉 끄언 뿌 쌰앙.

만약 자주 수업을 빼먹으면, 공부는 분명히 따라갈 수 없어요.

25
作业 *
zuòyè
쭈어예

명 숙제

老师布置了很多作业，我可能做不完。
Lǎoshī bùzhìle hěn duō zuòyè, wǒ kěnéng zuò bu wán.
라오쓸 뿌쯜러 흐언 뚜어 쭈어예, 워 크어느엉 쭈어 뿌 완.

선생님이 숙제를 많이 내주셔서, 제가 다 못 할 것 같아요.

26
论文 *
lùnwén
루언원

명 논문, 레포트

我们需要交一篇不少于3000字的论文。
Wǒmen xūyào jiāo yì piān bù shǎoyú sān qiān zì de lùnwén.
워먼 쒸야오 찌아오 이 피엔 뿌 쌰오위 싸안 치엔 쯔 떠 루언원.

이번 학기 말에 우리는 3000자 이상의 논문을 제출해야 해요.

27
年级 *
niánjí
니엔찌

명 학년

我们年级有两百多个学生。
Wǒmen niánjí yǒu liǎng bǎi duō ge xuésheng.
워먼 니엔찌 여우 리앙 빠이 뚜어 끄어 쒸에쓰엉.

우리 학년에는 학생이 200명 넘게 있어요.

28
班长
bānzhǎng
빠안쨔앙

명 반장

下周我们要选新的班长.
Xià zhōu wǒmen yào xuǎn xīn de bānzhǎng.
씨아 쪄우 워먼 야오 쒸엔 씨인 떠 바안쨔앙.

다음 주에 우리는 새로운 반장을 선출할 예정이에요.

29
宿舍*
sùshè
쑤쓰어

명 기숙사

宿舍的网络信号不太好。
Sùshè de wǎngluò xìnhào bú tài hǎo.
쑤쓰어 떠 왕루어 씨인하오 뿌 타이 하오.

기숙사의 인터넷 신호가 별로 좋지 않아요.

30
教室*
jiàoshì
찌아오쓸

명 교실

这个大教室能坐100个学生。
Zhège dà jiàoshì néng zuò yì bǎi ge xuésheng.
쯔어끄어 따 찌아오쓸 느엉 쭈어 이 빠이 끄어 쒸에쓰엉.

이 큰 교실은 100명의 학생이 앉을 수 있어요.

30
班主任
bānzhǔrèn
빠안쮸르언

명 담임 선생님

我很感谢班主任对我的帮助。
Wǒ hěn gǎnxiè bānzhǔrèn duì wǒ de bāngzhù.
워 흐언 까안씨에 빠안쮸르언 뚜에이 워 떠 빠앙쮸.

저는 담임 선생님께서 저를 도와주신 것에 정말 감사드려요.

32
同桌
tóngzhuō
토옹쮸어

명 짝꿍

我和我的同桌关系很好。
Wǒ hé wǒ de tóngzhuō guānxi hěn hǎo.
워 흐어 워 떠 토옹쮸어 꾸안씨 흐언 하오.

저와 제 짝꿍은 사이가 아주 좋아요.

TIP
同桌는 '같다'라는 뜻의 同과 '책상'이라는 桌이 합쳐져, 같은 책상에 앉은 관계, 즉 짝꿍을 가르켜요.

라이브 스몰톡

빈칸의 한국어를 중국어로 바꾸면서 직접 말해보세요.

MP3 바로듣기

나

期末考试 ①성적 出来了！你考得怎么样？
Qīmò kǎoshì ① ______ chūlai le! Nǐ kǎo de zěnmeyàng?
기말고사 성적이 나왔어! 너 잘 봤어?

친구

别提了，我的数学又挂科了。
Bié tí le, wǒ de shùxué yòu guàkē le.
말도 마. 수학은 또 과락이야.

나

你找找 ②과외하다 老师吧，
Nǐ zhǎozhao ② ______ lǎoshī ba,
과외 선생님 한번 찾아봐,

老师会在 ③수업 上教你很多 ④복습하다 方法。
Lǎoshī huì zài ③ ______ shang jiāo nǐ hěn duō ④ ______ fāngfǎ.
선생님이 수업에서 많은 복습 방법을 가르쳐줄 거야.

친구

是吗？我要去了解一下。
Shì ma? Wǒ yào qù liǎojiě yíxià.
그래? 한번 가서 알아봐야겠어.

정답 | ① 成绩(chéngjì) ② 辅导(fǔdǎo) ③ 课(kè) ④ 复习(fùxí)

단어 | 提 tí 동 말하다, 언급하다 挂科 guàkē 동 과락되다, 낙제하다 了解 liǎojiě 동 알아보다

19일차 해커스 중국어 첫걸음 단어장

20 일차

직업

MP3 바로듣기

숨은그림찾기 오늘 배울 단어 5개를 찾아보세요.

警察	消防员	厨师	医生	飞行员
경찰관	소방관	셰프, 요리사	의사	파일럿

정답확인

01
职业*
zhíyè
쯔예

명 직업

世界上有各种各样的职业。
Shìjiè shang yǒu gèzhǒnggèyàng de zhíyè.
쓰찌에 쌰앙 여우 끄어쯔옹끄어양 뜨어 쯔예.

세상에는 각양각색의 직업이 있어요.

02
老师*
lǎoshī
라오쓸

명 선생님

这道题有点儿难，我等下要去问老师。
Zhè dào tí yǒudiǎnr nán, wǒ děng xià yào qù wèn lǎoshī.
쯔어 따오 티 여우띠알 나안, 워 뜨엉 시아 야오 취 원 라오쓸.

이 문제가 조금 어려워서, 이따가 선생님께 물어보러 갈 거야.

03
教授*
jiàoshòu
찌아오쎠우

명 교수

TIP
教授는 보통 직함으로 사용하며, 실제로 교수님을 부를 때는 老师이라고 하면 돼요.

大学教授不仅要讲课，还要做研究。
Dàxué jiàoshòu bùjǐn yào jiǎngkè, hái yào zuò yánjiū.
따쉬에 찌아오쎠우 뿌찌인 야오 찌앙크어, 하이 야오 쭈어 옌찌어우.

대학 교수는 강의뿐만 아니라 연구도 해야 해요.

04
幼儿园老师
yòu'éryuán lǎoshī
여우으얼위엔 라오쓸

명 유치원 선생님

她是幼儿园老师，对孩子特别有耐心。
Tā shì yòu'éryuán lǎoshī, duì háizi tèbié yǒu nàixīn.
타 쓸 여우으얼위엔 라오쓸, 뚜에이 하이쯔 트어삐에 여우 나이씨인.

그녀는 유치원 선생님인데, 아이들에게 특히 인내심이 많아요.

05

公务员 *

gōngwùyuán
꼬옹우위엔

명 공무원

公务员是在韩国很受欢迎的职业。
Gōngwùyuán shì zài Hánguó hěn shòu huānyíng de zhíyè.
꼬옹우위엔 쓸 짜이 하안꾸어 흐언 써우 후안잉 떠 쯜예.

공무원은 한국에서 매우 인기 있는 직업이에요.

06

警察 *

jǐngchá
찌잉차

명 경찰관

我们过去问问那边的警察吧。
Wǒmen guòqu wènwen nàbian de jǐngchá ba.
워므언 꾸어취 원원 나삐엔 떠 찌잉차 빠.

우리 저쪽 경찰관에게 가서 물어봐요.

07

消防员

xiāofángyuán
씨아오ⓕ앙위엔

명 소방관

消防员很快赶到了现场。
Xiāofángyuán hěn kuài gǎndàole xiànchǎng.
씨아오ⓕ앙위엔 흐언 쿠아이 까안따오러 씨엔챵.

소방관이 아주 빨리 현장에 도착했어요.

08

厨师 *

chúshī
츄쓸

명 셰프, 요리사

我觉得这家餐厅的厨师手艺很棒。
Wǒ juéde zhè jiā cāntīng de chúshī shǒuyì hěn bàng.
워 쮜에뜨어 쯔어 찌아 차안티잉 떠 츄쓸 써우이 흐언 빠앙.

저는 이 식당 셰프의 솜씨가 훌륭하다고 생각해요.

* = HSK 필수단어

09
大学生*
dàxuéshēng
따쒸에쓰엉

명 대학생

我是大学生，今年准备考研究生。
Wǒ shì dàxuéshēng, jīnnián zhǔnbèi kǎo yánjiūshēng.
워 쓸 따쒸에쓰엉, 찌인니엔 쥬언뻬이 카오 옌찌어우쓰엉.

저는 대학생이고, 올해 대학원을 준비하고 있어요.

10
高中生
gāozhōngshēng
까오쬬옹쓰엉

명 고등학생

我弟弟是高中生，他下个月高考。
Wǒ dìdi shì gāozhōngshēng, tā xià ge yuè gāokǎo.
워 띠디 쓸 까오쬬옹쓰엉, 타 씨아 끄어 위에 까오카오.

제 남동생은 고등학생이고, 다음 달에 대학 입학 시험을 봐요.

11
初中生
chūzhōngshēng
츄쬬옹쓰엉

명 중학생

很多初中生喜欢一起踢足球。
Hěn duō chūzhōngshēng xǐhuan yìqǐ tī zúqiú.
흐언 뚜어 츄쬬옹쓰엉 씨후안 이치 티 쭈치어우.

많은 중학생들은 함께 축구하는 걸 좋아해요.

12
小学生*
xiǎoxuéshēng
씨아오쒸에쓰엉

명 초등학생

那些孩子应该是小学生吧。
Nàxiē háizi yīnggāi shì xiǎoxuéshēng ba.
나씨에 하이쯔 잉까이 쓸 씨아오쒸에쓰엉 빠.

저 아이들은 아마 초등학생일 거예요.

13
理发师

lǐfàshī
리ⓕ아쓸

명 미용사

我跟理发师说不要剪太短。
Wǒ gēn lǐfàshī shuō bú yào jiǎn tài duǎn.
워 끄언 리ⓕ아쓸 쓔어 뿌 야오 찌엔 타이 뚜안.

저는 미용사에게 너무 짧게 자르지 말라고 말했어요.

14
自由职业者

zìyóu zhíyèzhě
쯔여우 쯜예쯔어

명 프리랜서

我认识的自由职业者大部分都睡得很晚。
Wǒ rènshi de zìyóu zhíyèzhě dàbùfen dōu shuì de hěn wǎn.
워 르언쓸 떠 쯔여우 쯜예쯔어 따뿌ⓕ언 떠우 쓔에이 떠 흐언 완.

제가 아는 프리랜서들은 대부분 늦게 자요.

15
运动员 *

yùndòngyuán
윈똥위엔

명 운동선수

我从小就想当一名运动员。
Wǒ cóngxiǎo jiù xiǎng dāng yì míng yùndòngyuán.
워 초옹씨아오 찌어우 씨앙 땅 이 미잉 윈똥위엔.

저는 어릴 때부터 운동선수가 되고 싶었어요.

16
教练 *

jiàoliàn
찌아오리엔

명 트레이너, 코치

这位教练特别严格，但训练方法很有效。
Zhè wèi jiàoliàn tèbié yángé, dàn xùnliàn fāngfǎ hěn yǒuxiào.
쯔어 웨이 찌아오리엔 트어삐에 옌끄어, 따안 쒼리엔 ⓕ앙ⓕ아 흐언 여우씨아오.

이 트레이너는 엄격하지만, 훈련 방법은 효과가 좋아요.

17
医生*
yīshēng
이쓰엉

명 의사

医生说不用担心，只是普通感冒。
Yīshēng shuō búyòng dānxīn, zhǐ shì pǔtōng gǎnmào.
이쓰엉 쓔어 뿌용 따안씨인, 쯔 쓸 푸토옹 까안마오.

의사가 걱정하지 않아도 되고, 그냥 평범한 감기래요.

18
护士*
hùshi
후쓸

명 간호사

护士问我哪里不舒服。
Hùshi wèn wǒ nǎli bù shūfu.
후쓸 원 워 나리 뿌 쓔우.

간호사가 제게 어디가 아픈지 물어봤어요.

19
药师
yàoshī
야오쓸

명 약사

药师说这个药一天吃三次。
Yàoshī shuō zhège yào yìtiān chī sān cì.
야오쓸 쓔어 쯔어끄어 야오 이티엔 츨 싸안 츠.

약사가 이 약은 하루 세 번 먹으라고 했어요.

20
快递员
kuàidìyuán
쿠아이띠위엔

명 택배 기사

快递员把快递放在门口就走了。
Kuàidìyuán bǎ kuàidì fàngzài ménkǒu jiù zǒu le.
쿠아이띠위엔 빠 쿠아이띠 ⓕ아앙짜이 므언커우 찌어우 쩌우 러.

택배 기사가 택배를 문 앞에 놓고 갔어요.

해커스 중국어 첫걸음 단어장

21
乘务员*
chéngwùyuán
츠엉우위엔

명 승무원

乘务员让我把手机调成飞行模式。
Chéngwùyuán ràng wǒ bǎ shǒujī tiáochéng fēixíng móshì.
츠엉우위엔 라앙 워 빠 셔우찌 티아오츠엉 ⓕ에이씨잉 모어쓸.

승무원이 제게 휴대폰을 비행기 모드로 바꾸라고 했어요.

22
飞行员*
fēixíngyuán
ⓕ에이씨잉위엔

명 파일럿, 비행기 조종사

你有没有想过自己会当**飞行员**?
Nǐ yǒu méiyǒu xiǎngguo zìjǐ huì dāng fēixíngyuán?
니 여우 메이여우 씨앙꿔 쯔찌 후에이 따앙 ⓕ에이씨잉위엔?

당신은 자신이 **파일럿**이 될 것이라고 생각해본 적이 있나요?

23
司机*
sījī
쓰찌

명 운전 기사

TIP
司机는 보통 직함으로 사용하며, 실제로 기사님을 부를 때는 师傅(shīfu)라고 하면 돼요.

出租车**司机**知道很多捷径。
Chūzūchē sījī zhīdào hěn duō jiéjìng.
츄쭈츠어 쓰찌 쯜따오 흐언 뚜어 찌에찌잉.

택시 **운전 기사**는 지름길을 많이 알아요.

24
记者*
jìzhě
찌쯔어

명 기자

电视台的**记者**正在现场直播。
Diànshìtái de jìzhě zhèngzài xiànchǎng zhíbō.
띠엔쓸타이 떠 찌쯔어 쯔엉짜이 씨엔챠앙 쯜뽀어.

TV 방송국 **기자**가 현장에서 생방송하고 있어요.

25
银行柜员

yínháng guìyuán
인하앙 꾸에이위엔

명 은행원

银行柜员办理得很快，几分钟就好了。
Yínháng guìyuán bànlǐ de hěn kuài, jǐ fēnzhōng jiù hǎo le.
인하앙 꾸에이위엔 빤안리 떠 흐언 쿠아이, 찌 프언쭁옹 찌어우 하오 러.

은행원이 빠르게 처리해 줘서, 몇 분 만에 끝났어요.

26
软件设计师

ruǎnjiàn shèjìshī
루안찌엔 쓰어찌쓸

명 소프트웨어 개발자

软件设计师的前景很好。
Ruǎnjiàn shèjìshī de qiánjǐng hěn hǎo.
루안찌엔 쓰어찌쓸 떠 치엔찌잉 흐언 하오.

소프트웨어 개발자의 장래는 유망해요.

27
建筑师

jiànzhùshī
찌엔쮸쓸

명 건축가

建筑师经常加班吗?
Jiànzhùshī jīngcháng jiābān ma?
찌엔쮸쓸 찌잉차앙 찌아빠안 마?

건축가는 야근을 자주 하나요?

28
模特

mótè
모어트어

명 모델

她是我喜欢的时装模特。
Tā shì wǒ xǐhuan de shízhuāng mótè.
타 쓸 워 씨후안 떠 쓸쮸앙 모어트어.

그녀는 제가 좋아하는 패션 모델이에요.

29
作家*
zuòjiā
쭈어찌아

명 작가

我很喜欢那位作家的写作风格。
Wǒ hěn xǐhuan nà wèi zuòjiā de xiězuò fēnggé.
워 흐언 씨후안 나 웨이 쭈어찌아 떠 씨에쭈어 (f)엉끄어.

저는 그 작가의 글쓰기 스타일을 좋아해요.

30
导演*
dǎoyǎn
따오옌

명 감독, 프로듀서

导演花了三年时间拍这部电影。
Dǎoyǎn huāle sān nián shíjiān pāi zhè bù diànyǐng.
따오옌 후아러 싸안 니엔 쓰찌엔 파이 쯔어 뿌 띠엔잉.

감독은 3년의 시간을 들여 이 영화를 찍었어요.

31
律师*
lǜshī
뤼쓰

명 변호사

律师咨询费很贵吧?
Lǜshī zīxúnfèi hěn guì ba?
뤼쓰 쯔쉰(f)에이 흐언 꾸에이 빠?

변호사 상담비는 비싸죠?

32
视频博主
shìpín bózhǔ
쓰피인 뽀어쭈

명 크리에이터

这个视频博主每天都上传新内容。
Zhège shìpín bózhǔ měitiān dōu shàngchuán xīn nèiróng.
쯔어끄어 쓰피인 뽀어쭈 메이티엔 떠우 쌰앙추안 씨인 네이로옹.

이 크리에이터는 매일 새로운 콘텐츠를 업로드해요.

라이브 스몰톡

빈칸의 한국어를 중국어로 바꾸면서 직접 말해보세요.

MP3 바로듣기

이웃

你好，去上班吗？
Nǐ hǎo, qù shàngbān ma?
안녕하세요. 출근하시나요?

나

不是，我是 ①대학생，在准备找工作。
Bú shì, wǒ shì ①＿＿＿, zài zhǔnbèi zhǎo gōngzuò.
아니에요. 저는 대학생이고, 취업 준비를 하고 있어요.

이웃

哦，是吗？你想做什么工作？
Ò, shì ma? Nǐ xiǎng zuò shénme gōngzuò?
오, 그래요? 어떤 일을 하고 싶으세요?

나

我的家人想我当 ②공무원，但是我想当 ③간호사。
Wǒ de jiārén xiǎng wǒ dāng ②＿＿＿, dànshì wǒ xiǎng dāng ③＿＿＿.
제 가족은 제가 공무원이 되길 원하지만, 저는 간호사가 되고 싶어요.

정답 | ① 大学生(dàxuéshēng) ② 公务员(gōngwùyuán) ③ 护士(hùshi)

단어 | 上班 shàngbān 동 출근하다 准备 zhǔnbèi 동 준비하다 当 dāng 동 ~이 되다

21 일차

회사

MP3 바로듣기

숨은그림찾기 오늘 배울 단어 5개를 찾아보세요.

出差	工资	邮件	电话	报告
출장 가다	월급, 급여	이메일, 우편물	전화	보고서

정답확인

01
公司 *
gōngsī
꼬옹쓰

명 회사

我毕业后进入了一家外国公司。
Wǒ bìyè hòu jìnrùle yì jiā wàiguó gōngsī.
워 삐예 허우 찌인루러 이 찌아 와이구어 꼬옹쓰.

저는 졸업 후 외국계 회사에 들어갔어요.

02
工作 *
gōngzuò
꼬옹쭈어

동 일하다 명 일, 업무

我在这家公司工作五年了。
Wǒ zài zhè jiā gōngsī gōngzuò wǔ nián le.
워 짜이 쯔어 찌아 꼬옹쓰 꼬옹쭈어 우 니엔 러.

저는 이 회사에서 일한 지 5년 됐어요.

03
上班 *
shàngbān
쌰앙빠안

동 출근하다

我上班迟到了半个小时。
Wǒ shàngbān chídàole bàn ge xiǎoshí.
워 쌰앙빠안 츠따오러 빠안 끄어 씨아오쓰.

저는 출근에 30분 늦었어요.

04
下班 *
xiàbān
씨아빠안

동 퇴근하다

今天下班后我要去健身房。
Jīntiān xiàbān hòu wǒ yào qù jiànshēnfáng.
찌인티엔 씨아빠안 허우 워 야오 취 지엔쓰언f아앙.

오늘 퇴근 후에 저는 헬스장에 갈 거예요.

05

加班 *

jiābān
찌아빠안

동 야근하다, 초과 근무하다

真希望这个星期不要加班。
Zhēn xīwàng zhège xīngqī bú yào jiābān.
쯔언 씨왕 쯔어끄어 씨잉치 뿌 야오 찌아빠안.

정말 이번 주는 야근하지 않기를 바라요.

06

请假 *

qǐngjià
치잉찌아

동 휴가를 내다

我感冒了，今天只好请假休息。
Wǒ gǎnmào le, jīntiān zhǐhǎo qǐngjià xiūxi.
워 까안마오 러, 찌인티엔 쯜하오 치잉찌아 씨어우씨.

저는 감기에 걸려서, 오늘 휴가를 내고 쉴 수밖에 없어요.

07

出差 *

chūchāi
추차이

동 출장 가다

下周我要去上海出差三天。
Xià zhōu wǒ yào qù Shànghǎi chūchāi sān tiān.
씨아 쪄우 워 야오 취 쌰앙하이 추챠이 싸안 티엔.

다음 주에 저는 상하이로 3일간 출장을 갈 예정이에요.

08

聚餐 *

jùcān
쮜차안

동 회식하다

我们部门每个月都会组织一次聚餐。
Wǒmen bùmén měi ge yuè dōu huì zǔzhī yí cì jùcān.
워므언 뿌므언 메이 끄어 위에 떠우 후에이 쭈쯔 이 츠 쮜차안.

우리 부서는 매달 한 번씩 회식을 개최해요.

09
找工作
zhǎo gōngzuò
짜오 꽁쭈어

구직하다, 일자리를 구하다

你最近找工作顺利吗?
Nǐ zuìjìn zhǎo gōngzuò shùnlì ma?
니 쭈에이찌인 짜오 꽁쭈어 쓔언리 마?

당신 최근에 구직은 순조로워요?

10
应聘 *
yìngpìn
잉피인

동 (회사에) 지원하다

我想应聘市场经理这个职位。
Wǒ xiǎng yìngpìn shìchǎng jīnglǐ zhège zhíwèi.
워 씨앙 잉피인 쓸챠앙 찌잉리 쯔어끄어 쯜웨이.

저는 마케팅 매니저라는 이 직책에 지원하고 싶어요.

11
面试 *
miànshì
미엔쓸

동 면접을 보다

明天的面试对我很重要。
Míngtiān de miànshì duì wǒ hěn zhòngyào.
미잉티엔 떠 미엔쓸 뚜에이 워 흐언 쫑야오.

내일 면접은 저에게 아주 중요해요.

12
就业率
jiùyèlǜ
찌어우예뤼

명 취업률

这所大学的计算机专业就业率非常高。
Zhè suǒ dàxué de jìsuànjī zhuānyè jiùyèlǜ fēicháng gāo.
쯔어 쑤어 따쒸에 떠 찌쑤안찌 쮸안예 찌어우예뤼 f에이챠앙 까오.

이 대학의 컴퓨터 전공 취업률은 매우 높아요.

13
开会*

kāihuì
카이후에이

동 회의하다

我们十分钟后开会，请大家做好准备。
Wǒmen shí fēnzhōng hòu kāihuì, qǐng dàjiā zuòhǎo zhǔnbèi.
워먼 쓸 f언쪼옹 허우 카이후에이, 치잉 따찌아 쭈어하오 쥬언뻬이.

우리 10분 후에 회의합니다. 모두 준비해 주세요.

14
会议*

huìyì
후에이이

명 회의

这次会议主要讨论今年的目标。
Zhè cì huìyì zhǔyào tǎolùn jīnnián de mùbiāo.
쯔어 츠 후에이이 쥬야오 타오루언 찌인니엔 떠 무삐아오.

이번 회의에서는 주로 올해 목표를 논의할 거예요.

15
邮件*

yóujiàn
여우찌엔

명 이메일, 우편물

我还没收到你的邮件。
Wǒ hái méi shōudào nǐ de yóujiàn.
워 하이 메이 쎠우따오 니 떠 여우찌엔.

나는 아직 당신의 이메일을 받지 못했어요.

16
电话*

diànhuà
띠엔후아

명 전화

有急事直接给我打电话，不要发微信。
Yǒu jíshì zhíjiē gěi wǒ dǎ diànhuà, bú yào fā Wēixìn.
여우 찌쓸 쯜찌에 께이 워 따 띠엔후아, 뿌 야오 f아 웨이씨인.

급한 일이 있으면 바로 제게 전화하세요. 위챗 보내지 마시고요.

17
报告*
bàogào
빠오까오

명 보고서 동 보고하다

今天下班前我必须要完成这份报告。
Jīntiān xiàbān qián wǒ bìxū yào wánchéng zhè fèn bàogào.
찌인티엔 씨아빠안 치엔 워 삐쒸 야오 완츠엉 쯔어 f언 빠오까오.

오늘 퇴근 전에 저는 이 보고서를 반드시 완성해야 해요.

18
日程*
rìchéng
르츠엉

명 일정, 스케줄

请等一下，我确认一下日程。
Qǐng děng yíxià, wǒ quèrèn yíxià rìchéng.
치잉 뜨엉 이씨아, 워 취에르언 이씨아 르츠엉.

잠깐만요. 제가 일정을 좀 확인해 볼게요.

19
截止*
jiézhǐ
찌에쯔

동 마감하다

这个项目的截止日期是本月底。
Zhège xiàngmù de jiézhǐ rìqī shì běn yuè dǐ.
쯔어끄어 씨앙무 뜨어 찌에쯔 르치 쓰 쁘언 위에 띠.

이 프로젝트의 마감일은 이번 달 말이에요.

20
通知*
tōngzhī
토옹쯔

동 공지하다 명 공지, 공고

面试结果将在一周内通知。
Miànshì jiéguǒ jiāng zài yì zhōu nèi tōngzhī.
미엔쓰 찌에꾸어 찌앙 짜이 이 쪄우 네이 토옹쯔.

면접 결과는 일주일 내에 공지될 예정이에요.

21
午餐时间
wǔcān shíjiān
우차안 쓸찌엔

명 점심 식사 시간

午餐时间到了，我们一起去食堂吃饭吧。
Wǔcān shíjiān dào le, wǒmen yìqǐ qù shítáng chīfàn ba.
우차안 쓸찌엔 따오 러, 워므언 이치 취 쓸타앙 츨ⓕ안 빠.

점심 식사 시간이 되었으니, 우리 함께 식당에 밥 먹으러 가요.

22
组 *
zǔ
쭈

명 팀

我们组最近有很多任务。
Wǒmen zǔ zuìjìn yǒu hěn duō rènwu.
워므언 쭈 쭈에이찌인 여우 흐언 뚜어 르언우.

우리 팀은 요즘 업무가 많아요.

23
组长
zǔzhǎng
쭈쨔앙

명 팀장

我要马上向组长报告这件事。
Wǒ yào mǎshàng xiàng zǔzhǎng bàogào zhè jiàn shì.
워 야오 마쌰앙 씨앙 쭈쨔앙 빠오까오 쯔어 찌엔 쓸.

저는 당장 팀장님께 이 일을 보고할 거예요.

24
辞职 *
cízhí
츠쯜

동 퇴사하다, 사직하다

她辞职后打算休息一段时间。
Tā cízhí hòu dǎsuan xiūxi yí duàn shíjiān.
타 츠쯜 허우 따쑤안 씨어우씨 이 뚜안 쓸찌엔.

그녀는 퇴사 후에 한동안 쉴 계획이에요.

25
升职
shēngzhí
쓰엉즐

동 승진하다

恭喜你升职为部门经理!
Gōngxǐ nǐ shēngzhí wéi bùmén jīnglǐ!
꼬옹씨 니 쓰엉즐 웨이 뿌므언 찌잉리!

부서 매니저로 승진한 것을 축하해요!

26
新员工
xīn yuángōng
씨인 위엔꼬옹

명 신입 사원

我们请新员工小王做自我介绍。
Wǒmen qǐng xīn yuángōng Xiǎo Wáng zuò zìwǒ jièshào.
워므언 치잉 씨인 위엔꼬옹 씨아오 왕 쭈어 쯔워 찌에싸오.

신입 사원 샤오왕이 자기소개를 해 주세요.

27
总经理
zǒngjīnglǐ
쪼옹찌잉리

명 사장, 대표 이사

总经理这几天出差了，不在公司。
Zǒngjīnglǐ zhè jǐ tiān chūchāi le, bú zài gōngsī.
쪼옹찌잉리 쯔어 찌 티엔 추차이 러, 부 짜이 꼬옹쓰.

사장님은 요 며칠 출장 가셔서, 회사에 안 계세요.

28
工资*
gōngzī
꼬옹쯔

명 월급, 급여

这里的工资不高，但工作环境很好。
Zhèli de gōngzī bù gāo, dàn gōngzuò huánjìng hěn hǎo.
쯔어리 떠 꼬옹쯔 뿌 까오, 따안 꼬옹쭈어 후안찌잉 흐언 하오.

이곳의 월급은 높지 않지만, 근무 환경이 아주 좋아요.

21일차 해커스 중국어 첫걸음 단어장

29
福利 *
fúlì
푸리

명 복지, 복리 후생

年终旅游是我们公司的一项传统福利。
Niánzhōng lǚyóu shì wǒmen gōngsī de yí xiàng chuántǒng fúlì.
니엔쫑웅 뤼여우 쓸 워먼 꼬옹쓰 떠 이 씨앙 츄안토옹 푸리.

연말 여행은 우리 회사의 전통적인 복지예요.

30
海外业务部
hǎiwài yèwùbù
하이와이 예우뿌

명 해외사업팀

我被调到海外业务部了。
Wǒ bèi diàodào hǎiwài yèwùbù le.
워 뻬이 띠아오따오 하이와이 예우뿌 러.

저는 해외사업팀으로 발령났어요.

31
经营支援部
jīngyíng zhīyuánbù
찌잉잉 쯜위엔뿌

명 경영지원팀

经营支援部正在准备下个月的预算计划。
Jīngyíng zhīyuánbù zhèngzài zhǔnbèi xià ge yuè de yùsuàn jìhuà.
찌잉잉 쯜위엔뿌 쯔엉짜이 쥰언뻬이 씨아 끄어 위에 떠 위쑤안 찌후아.

경영지원팀이 다음 달 예산 계획을 준비하고 있어요.

32
营销部
yíngxiāobù
잉씨아오뿌

명 마케팅팀

今年营销部被评为最优秀部门。
Jīnnián yíngxiāobù bèi píngwéi zuì yōuxiù bùmén.
찌인니엔 잉씨아오뿌 뻬이 피잉웨이 쭈에이 여우씨어우 뿌므언.

올해 마케팅팀이 최우수 부서로 선정됐어요.

라이브 스몰톡

빈칸의 한국어를 중국어로 바꾸면서 직접 말해보세요.

MP3 바로듣기

나

明天和 ①사장님 一起开的 ②회의 准备好了吗?
Míngtiān hé ① ______ yìqǐ kāi de ② ______ zhǔnbèi hǎo le ma?
내일 사장님과 같이 하는 회의 준비 다 됐어요?

동료

还没有，我还没写完报告。
Hái méiyǒu, wǒ hái méi xiěwán bàogào.
아직이요. 보고서를 아직 다 못 썼어요.

나

③마감하다 时间不是今天吗?
③ ______ shíjiān bú shì jīntiān ma?
마감 시간이 오늘 아니예요?

동료

对，马上就完成了，没问题。
Duì, mǎshàng jiù wánchéng le, méi wèntí.
맞아요. 곧 완성되니까, 문제없어요.

정답 | ① 总经理(zǒngjīnglǐ) ② 会议(huìyì) ③ 截止(jiézhǐ)

단어 | 准备 zhǔnbèi 동 준비하다　马上 mǎshàng 부 곧　完成 wánchéng 동 완성하다

해커스 중국어 첫걸음 단어장

22 일차

주거·부동산

MP3 바로듣기

숨은그림찾기 오늘 배울 단어 5개를 찾아보세요.

房子	公寓	搬家	卫生间	合同
집	아파트	이사하다	화장실	계약서, 계약

정답확인

* = HSK 필수단어

01
房子*
fángzi
ⓕ아앙쯔

명 집

这个房子位置很好。
Zhège fángzi wèizhi hěn hǎo.
쯔어끄어 ⓕ아앙쯔 웨이즐 흐언 하오.

이 집은 위치가 아주 좋아요.

02
公寓*
gōngyù
꼬옹위

명 아파트

我想住在带电梯的公寓里。
Wǒ xiǎng zhùzài dài diàntī de gōngyù li.
워 씨양 쮸짜이 따이 띠엔티 떠 꼬옹위 리.

저는 엘리베이터가 있는 아파트에 살고 싶어요.

03
找*
zhǎo
쨔오

동 구하다, 찾다

你找到合适的房子了吗?
Nǐ zhǎodào héshì de fángzi le ma?
니 쨔오따오 흐어쓸 떠 ⓕ아앙쯔 러 마?

적당한 집을 구했나요?

04
搬家*
bānjiā
빠안찌아

동 이사하다

我已经开始准备搬家了。
Wǒ yǐjīng kāishǐ zhǔnbèi bānjiā le.
워 이찌잉 카이쓸 쥰언뻬이 빠안찌아 러.

저는 이미 이사 준비를 시작했어요.

05
客厅 *
kètīng
크어티잉

명 거실

客厅的窗户很大，采光很好。
Kètīng de chuānghu hěn dà, cǎiguāng hěn hǎo.
크어티잉 떠 츄앙후 흐언 따, 차이꾸앙 흐언 하오.

거실 창문이 아주 커서, 채광이 아주 좋아요.

06
厨房 *
chúfáng
츄ⓕ아앙

명 주방

我喜欢这个厨房的设计。
Wǒ xǐhuan zhège chúfáng de shèjì.
워 씨후안 쯔어끄어 츄ⓕ아앙 떠 쓰어찌.

저는 이 주방의 디자인이 마음에 들어요.

07
卫生间 *
wèishēngjiān
웨이쓰엉찌엔

명 화장실

TIP
洗手间(xǐshǒujiān)도 '화장실'이라는 뜻으로 자주 쓰여요.

这套公寓有两个卫生间。
Zhè tào gōngyù yǒu liǎng ge wèishēngjiān.
쯔어 타오 꼬옹위 여우 리앙 끄어 웨이쓰엉찌엔.

이 아파트는 화장실이 두 개예요.

08
房间 *
fángjiān
ⓕ아앙찌엔

명 방

你的房间太乱了，快收拾一下。
Nǐ de fángjiān tài luàn le, kuài shōushi yíxià.
니 떠 ⓕ아앙찌엔 타이 루안 러, 쿠아이 써우쓸 이씨아.

네 방은 너무 지저분해, 빨리 좀 치워.

09
单间
dānjiān
따안찌엔

명 원룸, 1인실

我正在找一个便宜的单间。
Wǒ zhèngzài zhǎo yí ge piányi de dānjiān.
워 쯔엉짜이 쟈오 이 끄어 피엔이 떠 따안찌엔.

저는 지금 저렴한 원룸을 찾고 있어요.

10
两室
liǎngshì
리앙쓸

명 투룸

我想租一套两室的公寓。
Wǒ xiǎng zū yí tào liǎngshì de gōngyù.
워 씨앙 쭈 이 타오 리앙쓸 떠 꼬옹위.

저는 투룸 아파트를 임대하고 싶어요.

11
三室两卫
sān shì liǎng wèi
싸안 쓸 리앙 웨이

방 3개에 화장실 2개

三室两卫的房价比较高。
Sān shì liǎng wèi de fángjià bǐjiào gāo.
싸안 쓸 리앙 웨이 떠 ⓕ앙찌아 삐찌아오 까오.

방 3개에 화장실 2개(인 집)의 집값은 비교적 높아요.

TIP
三室两卫에서 室은 '방'을 뜻하고 卫는 '화장실(卫生间)'을 뜻해요.

12
房东*
fángdōng
ⓕ앙또옹

명 집주인

如果有问题，可以直接联系房东。
Rúguǒ yǒu wèntí, kěyǐ zhíjiē liánxì fángdōng.
루꾸어 여우 원티, 크어이 즐찌에 리엔씨 ⓕ앙또옹.

만약 문제가 있으면, 집주인에게 직접 연락하면 돼요.

13
房价*
fángjià
ⓕ아앙찌아

명 집값

你知道附近的房价是多少吗?
Nǐ zhīdào fùjìn de fángjià shì duōshao ma?
니 쯜따오 ⓕ우찌인 떠 ⓕ아앙찌아 쓸 뚜어싸오 마?

당신은 근처의 집값이 얼마인지 알고 있나요?

14
租金*
zūjīn
쭈찌인

명 임대료, 월세

这个地区的租金太贵了。
Zhège dìqū de zūjīn tài guì le.
쯔어끄어 띠취 떠 쭈찌인 타이 꾸에이 러.

이 지역의 임대료는 너무 비싸요.

15
押金*
yājīn
야찌인

명 보증금

押金一般是一个月的租金。
Yājīn yìbān shì yí ge yuè de zūjīn.
야찌인 이빠안 쓸 이 끄어 위에 떠 쭈찌인.

보증금은 보통 한 달치 월세예요.

16
押一付一
yā yī fù yī
야 이 ⓕ우 이

보증금은 월세 한 달치에
월세는 한 달씩 선불로 내는 방식

TIP
중국에서는 보통 보증금으로 월세 한 달에 해당하는 금액을 내고, 몇 달치씩 월세를 미리 내요. 예를 들어 **押一付三**은 월세 3개월치를 미리 내는 방식이에요.

押一付一的租赁方式压力比较小。
Yā yī fù yī de zūlìn fāngshì yālì bǐjiào xiǎo.
야 이 ⓕ우 이 떠 쭈리인 ⓕ아앙쓸 야리 삐찌아오 씨아오.

보증금 한 달에 월세를 한 달씩 내는 임대 방식은 부담이 비교적 적어요.

17
合同 *
hétong
흐어통

명 계약서, 계약

我看过合同了，没问题。
Wǒ kànguo hétong le, méi wèntí.
워 카안꿔 흐어토옹 러, 메이 원티.

저는 계약서를 봤어요. 문제없어요.

18
签 *
qiān
치엔

동 사인하다, 계약하다

我们约好下周三签合同。
Wǒmen yuēhǎo xià zhōusān qiān hétong.
워므언 위에하오 씨아 쩌우싸안 치엔 흐어토옹.

우리는 다음 주 수요일에 계약서에 사인하기로 약속했어요.

19
到期 *
dàoqī
따오치

동 만기가 되다, 기한이 되다

合同到期后，我打算搬家。
Hétong dàoqī hòu, wǒ dǎsuan bānjiā.
흐어토옹 따오치 허우, 워 따쑤안 빠안지아.

계약 만기 후에, 저는 이사할 계획이에요.

20
续租
xù zū
쒸 쭈

임대 기한을 연장하다

我已经和房东商量好了续租的事情。
Wǒ yǐjīng hé fángdōng shāngliang hǎole xù zū de shìqing.
워 이찌잉 흐어 f아앙또옹 쌰앙리앙 하오러 쒸 쭈 뜨 쓸치잉.

저는 이미 집주인과 임대 기한 연장에 대해 상의를 마쳤어요.

21
房地产 *
fángdìchǎn
ⓕ아앙띠차안

명 부동산

专家预测房地产市场会恢复。
Zhuānjiā yùcè fángdìchǎn shìchǎng huì huīfù.
쭈안찌아 위츠어 ⓕ아앙띠차안 쓰차앙 후에이 후에이ⓕ우.

전문가는 부동산 시장이 회복될 거라고 예측해요.

22
楼层
lóucéng
러우츠엉

명 층, 층수

这栋楼一共有多少楼层?
Zhè dòng lóu yígòng yǒu duōshao lóucéng?
쯔어 또옹 러우 이꼬옹 여우 뚜어쌰오 러우츠엉?

이 건물은 총 몇 층인가요?

23
平方米 *
píngfāngmǐ
피잉ⓕ아앙미

명 제곱미터(㎡)

这个单间只有15平方米，太小了。
Zhège dānjiān zhǐ yǒu shíwǔ píngfāngmǐ, tài xiǎo le.
쯔어끄어 따안찌엔 즈 여우 스우 피잉ⓕ아앙미, 타이 씨아오 러.

이 원룸은 15제곱미터밖에 안 돼서, 너무 작아요.

24
物业管理处
wùyè guǎnlǐchù
우예 꾸안리추

명 (아파트의) 관리사무소

物业管理处在一楼大厅旁边。
Wùyè guǎnlǐchù zài yī lóu dàtīng pángbiān.
우예 꾸안리추 짜이 이 러우 따티잉 파앙삐엔.

관리사무소는 1층 로비 옆에 있어요.

25
装修 *

zhuāngxiū
쭈앙씨어우

동 인테리어하다, 리모델링하다

装修需要多长时间?
Zhuāngxiū xūyào duō cháng shíjiān?
쭈앙씨어우 쒸야오 뚜어 챵 쓰찌엔?

인테리어는 얼마나 걸리나요?

26
方便 *

fāngbiàn
ⓕ아앙삐엔

형 편리하다

这个位置很方便，离地铁站很近。
Zhège wèizhi hěn fāngbiàn, lí dìtiězhàn hěn jìn.
쯔어끄어 웨이쯜 흐언 ⓕ아앙삐엔, 리 띠티에쨔안 흐언 찌인.

이 위치는 매우 편리하고, 지하철역과 아주 가까워요.

27
极简生活

jíjiǎn shēnghuó
찌찌엔 쓰엉후어

명 미니멀 라이프

很多年轻人开始追求极简生活。
Hěn duō niánqīngrén kāishǐ zhuīqiú jíjiǎn shēnghuó.
흐언 뚜어 니엔칭르언 카이쓸 쮸에이치어우 찌찌엔 쓰엉후어.

많은 젊은 사람들이 미니멀 라이프를 추구하기 시작했어요.

28
包括 *

bāokuò
빠오쿠어

동 포함하다

租金包括哪些费用?
Zūjīn bāokuò nǎxiē fèiyong?
쭈찌인 빠오쿠어 나씨에 ⓕ에이용?

임대료에는 어떤 비용들이 포함되어 있나요?

29
电费
diànfèi
띠엔ⓕ에이

명 전기세

每个月的电费大约是多少？
Měi ge yuè de diànfèi dàyuē shì duōshao?
메이 끄어 위에 떠 띠엔ⓕ에이 따위에 쓸 뚜어쌰오?

매달 전기세는 대략 얼마인가요?

30
燃气费
ránqìfèi
란안치ⓕ에이

명 가스비

这个月的燃气费比上个月高。
Zhège yuè de ránqìfèi bǐ shàng ge yuè gāo.
쯔어끄어 위에 떠 란안치ⓕ에이 삐 쌰앙 끄어 위에 까오.

이번 달 가스비가 지난달보다 높아요.

31
水费
shuǐfèi
쑤에이ⓕ에이

명 수도세

水费可以在网上交吗？
Shuǐfèi kěyǐ zài wǎngshàng jiāo ma?
쑤에이ⓕ에이 크어이 짜이 왕쌰앙 찌아오 마?

수도세를 인터넷으로 낼 수 있어요?

32
网费
wǎngfèi
왕ⓕ에이

명 인터넷 요금

你们家网费多少钱一个月？
Nǐmen jiā wǎngfèi duōshao qián yí ge yuè?
니므언 찌아 왕ⓕ에이 뚜어쌰오 치엔 이 끄어 위에?

너희 집 인터넷 요금은 한 달에 얼마야?

라이브 스몰톡

빈칸의 한국어를 중국어로 바꾸면서 직접 말해보세요.

MP3 바로듣기

나

①집주인 说什么时候可以 ②계약하다 合同?
① shuō shénme shíhou kěyǐ ② hétong?
집주인이 언제 계약할 수 있다고 했어요?

공인중개사

明天就可以，租期是一年，到期后可以续租。
Míngtiān jiù kěyǐ, zūqī shì yì nián, dàoqī hòu kěyǐ xù zū.
내일 바로 가능해요. 임대 기간은 1년이고, 만기 후에 연장할 수 있어요.

나

电费、③수도세 这些都包括在 ④임대료 里面吗?
Diànfèi, ③ zhèxiē dōu bāokuò zài ④ lǐmian ma?
전기세, 수도세 이런 것들은 모두 임대료에 포함인가요?

공인중개사

不是的，这些费用需要自己付。
Bú shì de, zhèxiē fèiyong xūyào zìjǐ fù.
아니에요. 이런 비용들은 본인이 내셔야 해요.

정답 | ① 房东(fángdōng) ② 签(qiān) ③ 水费(shuǐfèi) ④ 租金(zūjīn)

단어 | 租期 zūqī 명 임대 기간 包括 bāokuò 동 포함하다 费用 fèiyòng 명 비용 付 fù 동 (돈을) 내다

23 일차

신체·건강

MP3 바로듣기

숨은그림찾기

오늘 배울 단어 5개를 찾아보세요.

眼睛	鼻子	口	手	脚
눈	코	입	손	발

정답확인

01
身体 *
shēntǐ
쓰언티

명 몸, 신체

您要好好儿保重身体。
Nín yào hǎohāor bǎozhòng shēntǐ.
니인 야오 하오하올 빠오쬬옹 쓰언티.

몸 잘 챙기셔야 해요.

02
健康 *
jiànkāng
찌엔카앙

형 건강하다

我觉得健康比什么都重要。
Wǒ juéde jiànkāng bǐ shénme dōu zhòngyào.
워 쮜에뜨어 찌엔카앙 삐 쓰언므어 떠우 쬬옹야오.

저는 건강이 무엇보다 중요하다고 생각해요.

03
眼睛 *
yǎnjing
옌찌잉

명 눈

我眼睛有点儿疼。
Wǒ yǎnjing yǒudiǎnr téng.
워 옌찌잉 여우띠알 트엉.

제 눈이 좀 아파요.

04
鼻子 *
bízi
삐쯔

명 코

我的鼻子突然出血了。
Wǒ de bízi tūrán chū xiě le.
워 떠 삐쯔 투라안 츄 씨에 러.

제 코에서 갑자기 피가 났어요.

05
口 *
kǒu
커우

명 입

运动后我口干得厉害。

Yùndòng hòu wǒ kǒu gān de lìhai.
윈또옹 허우 워 커우 까안 떠 리하이.

운동 후 입이 심하게 말라요.

06
耳朵 *
ěrduo
으얼두어

명 귀

我的耳朵进水了，很不舒服。

Wǒ de ěrduo jìn shuǐ le, hěn bù shūfu.
워 떠 으얼두어 찌인 슈에이 러, 흐언 뿌 슈우.

제 귀에 물이 들어가서, 아주 불편해요.

07
脸 *
liǎn
리엔

명 얼굴

你的脸为什么这么红?

Nǐ de liǎn wèishénme zhème hóng?
니 떠 리엔 웨이쓰언므어 쯔어므어 호옹?

당신의 얼굴은 왜 이렇게 빨개요?

08
脖子 *
bózi
뽀어쯔

명 목

我的脖子有点儿酸。

Wǒ de bózi yǒudiǎnr suān.
워 떠 뽀어쯔 여우띠알 쑤안.

제 목이 좀 결려요.

09
嗓子 *
sǎngzi
싸앙쯔

명 목(구멍), 인후

天气太干了，多喝水对嗓子有好处。
Tiānqì tài gān le, duō hē shuǐ duì sǎngzi yǒu hǎochu.
티엔치 타이 까안 러, 뚜어 흐어 쓔에이 뚜에이 싸앙쯔 여우 하오추.

날씨가 너무 건조하네요. 물을 많이 마시면 목에 좋아요.

10
手 *
shǒu
셔우

명 손

吃饭前要洗手。
Chīfàn qián yào xǐ shǒu.
츠ⓕ아안 치엔 야오 씨 셔우.

밥 먹기 전에 손을 씻어야 해요.

11
脚 *
jiǎo
찌아오

명 발

今天走太多了，我脚很累。
Jīntiān zǒu tài duō le, wǒ jiǎo hěn lèi.
찌인티엔 쩌우 타이 뚜어 러, 워 찌아오 흐언 레이.

오늘 너무 많이 걸어서, 발이 정말 피곤해요.

12
胳膊 *
gēbo
끄어뽀어

명 팔

我的胳膊受伤了。
Wǒ de gēbo shòushāng le.
워 뜨어 끄어뽀어 셔우쌰앙 러.

제 팔이 다쳤어요.

13
腿 *

tuǐ
투에이

명 다리

坐太久的话腿会发麻。
Zuò tài jiǔ de huà tuǐ huì fāmá.
쭈어 타이 찌어우 떠 후아 투에이 후에이 ⓕ아마.

너무 오래 앉아 있으면 다리가 저려요.

14
腰 *

yāo
야오

명 허리

我搬东西的时候扭到腰了。
Wǒ bān dōngxi de shíhou niǔdào yāo le.
워 빠안 또옹씨 떠 쓸허우 니어우따오 야오 러.

저는 짐 옮기다가 허리를 삐었어요.

15
肚子 *

dùzi
뚜쯔

명 배

我吃太多了，现在肚子很撑。
Wǒ chī tài duō le, xiànzài dùzi hěn chēng.
워 츨 타이 뚜어 러, 씨엔짜이 뚜쯔 흐언 츠엉.

너무 많이 먹어서, 지금 배가 매우 불러요.

16
胸口

xiōngkǒu
씨옹커우

명 가슴, 명치

我感觉胸口有点儿闷。
Wǒ gǎnjué xiōngkǒu yǒudiǎnr mēn.
워 까안쮜에 씨옹커우 여우띠알 므언.

저는 가슴이 좀 답답한 느낌이에요.

TIP
유방 부위를 말할 때는 胸(xiōng)이라고 하면 돼요.

17
胃 *
wèi
웨이

명 위

昨天胃疼得厉害，我晚上什么也没吃。
Zuótiān wèi téng de lìhai, wǒ wǎnshang shénme yě méi chī.
쭈어티엔 웨이 트엉 떠 리하이, 워 완샹 선머 예 메이 츠.

어제 위가 너무 아파서, 저녁에 아무것도 먹지 않았어요.

18
牙齿 *
yáchǐ
야츠

명 치아, 이

我刚才吃冰激凌时牙齿很酸。
Wǒ gāngcái chī bīngjīlíng shí yáchǐ hěn suān.
워 깡차이 츠 삥잉찌리잉 슬 야츠 흐언 쑤안.

제가 방금 아이스크림 먹을 때 치아가 너무 시렸어요.

19
肌肉 *
jīròu
찌러우

명 근육

我想通过运动增强腿部肌肉。
Wǒ xiǎng tōngguò yùndòng zēngqiáng tuǐbù jīròu.
워 씨앙 토옹꾸어 윈또옹 쯔엉치앙 트에이뿌 찌러우.

저는 운동을 통해 다리 근육을 강화하고 싶어요.

20
骨头 *
gǔtou
꾸터우

명 뼈

妈妈因为骨头脆弱，所以不能做太剧烈的运动。
Māma yīnwèi gǔtou cuìruò, suǒyǐ bù néng zuò tài jùliè de yùndòng.
마마 인웨이 꾸터우 추에이루어, 쑤어이 뿌 느엉 쭈어 타이 찌리에 떠 윈또옹.

엄마는 뼈가 약해서 너무 격한 운동은 못 해요.

21
个子 *
gèzi
끄어쯔

명 키

他个子不高也不矮。
Tā gèzi bù gāo yě bù ǎi.
타 끄어쯔 뿌 까오 예 뿌 아이.

그는 키가 크지도 않고 작지도 않아요.

22
体重 *
tǐzhòng
티쫑옹

명 몸무게

我的体重增加了三公斤。
Wǒ de tǐzhòng zēngjiāle sān gōngjīn.
워 떠 티쫑옹 쯔엉찌아러 싸안 꼬옹찌인.

제 몸무게가 3킬로그램 늘었어요.

23
减肥 *
jiǎnféi
찌엔f에이

동 다이어트하다

我减肥成功瘦了五公斤。
Wǒ jiǎnféi chénggōng shòule wǔ gōngjīn.
워 찌엔f에이 츠엉꼬옹 쎠우러 우 꼬옹찌인.

저는 다이어트를 해서 성공적으로 5킬로그램을 뺐어요.

24
节食
jiéshí
찌에쓸

동 식단을 조절하다

她为了减肥开始节食。
Tā wèile jiǎnféi kāishǐ jiéshí.
타 웨이르어 찌엔f에이 카이쓸 찌에쓸.

그녀는 다이어트를 위해 식단 조절을 시작했어요.

25
低卡
dīkǎ
띠카

저칼로리

这种**低卡**食品很受欢迎。
Zhè zhǒng dīkǎ shípǐn hěn shòu huānyíng.
쯔어 죠옹 띠카 쓸피인 흐언 쎠우 후안잉.

이런 **저칼로리** 식품이 인기가 많아요.

26
轻食
qīngshí
치잉쓸

명 가벼운 식사, 간편식

轻食比较适合忙碌的上班族。
Qīngshí bǐjiào shìhé mánglù de shàngbānzú.
치잉쓸 삐찌아오 쓸흐어 마앙루 떠 쌰앙빠안쭈.

가벼운 식사는 바쁜 직장인에게 비교적 적합해요.

27
体力*
tǐlì
티리

명 체력

年纪大了**体力**会下降。
Niánjì dà le tǐlì huì xiàjiàng.
니엔찌 따 러 티리 후에이 씨아찌앙.

나이가 들면 **체력**이 떨어져요.

28
胖*
pàng
파앙

형 살찌다, 뚱뚱하다

妈妈说最近我**胖**了一点儿。
Māma shuō zuìjìn wǒ pàngle yìdiǎnr.
마마 쓔어 쭈에이찌인 워 파앙러 이띠알.

엄마는 요즘 제가 조금 **살이 쪘다**고 했어요.

29
脂肪*
zhīfáng
쯔ⓕ아앙

명 지방

运动可以燃烧体内的脂肪。
Yùndòng kěyǐ ránshāo tǐnèi de zhīfáng.
윈또옹 크어이 라안쌰오 티네이 떠 쯔ⓕ아앙.

운동은 체내 지방을 태울 수 있어요.

30
低碳高脂
dītàn gāozhī
띠타안 까오쯔

저탄고지[저탄수화물 고지방의 줄임말]

低碳高脂对减肥有效果吗?
Dītàn gāozhī duì jiǎnféi yǒu xiàoguǒ ma?
띠타안 까오쯔 뚜에이 찌엔ⓕ에이 여우 씨아오꾸어 마?

저탄고지가 다이어트에 효과가 있어요?

31
副作用*
fùzuòyòng
ⓕ우쭈어용

명 부작용

这个药有什么副作用?
Zhège yào yǒu shénme fùzuòyòng?
쯔어끄어 야오 여우 쓰언므어 ⓕ우쭈어용?

이 약은 어떤 부작용이 있어요?

32
压力*
yālì
야리

명 스트레스

压力大的时候我喜欢听音乐。
Yālì dà de shíhou wǒ xǐhuan tīng yīnyuè.
야리 따 떠 쓰허우 워 씨후안 티잉 인위에.

스트레스가 심할 때 저는 음악 듣는 것을 좋아해요.

라이브 스몰톡

빈칸의 한국어를 중국어로 바꾸면서 직접 말해보세요.

MP3 바로듣기

친구

我最近在节食，一天只吃一顿饭。
Wǒ zuìjìn zài jiéshí, yìtiān zhǐ chī yí dùn fàn.
나 최근에 식단 조절 중이야. 하루에 한 끼만 먹어.

나

这样不好吧？这样的节食方式 ①부작용 很大的。
Zhèyàng bù hǎo ba? Zhèyàng de jiéshí fāngshì ① ______ hěn dà de.
그럼 안 좋은 거 아니야? 이런 식단 조절 방식은 부작용이 커.

친구

是的，其实我也感觉胃有点儿不舒服。
Shì de, qíshí wǒ yě gǎnjué wèi yǒudiǎnr bù shūfu.
맞아. 사실 나도 위가 좀 불편한 것 같아.

나

别因为 ②다이어트 给自己太大 ③스트레스，④건강 最重要！
Bié yīnwèi ② ______ gěi zìjǐ tài dà ③ ______, ④ ______ zuì zhòngyào!
다이어트 때문에 자신에게 너무 스트레스 주지마. 건강이 제일 중요해!

정답 | ① 副作用(fùzuòyòng) ② 减肥(jiǎnféi) ③ 压力(yālì) ④ 健康(jiànkāng)

단어 | 顿 dùn 양 끼, 번 舒服 shūfu 형 편하다

24 일차

질병·약

MP3 바로듣기

숨은그림찾기

오늘 배울 단어 5개를 찾아보세요.

药	发烧	打针	创可贴	药膏
약	열이 나다	주사를 맞다	반창고, 밴드	연고

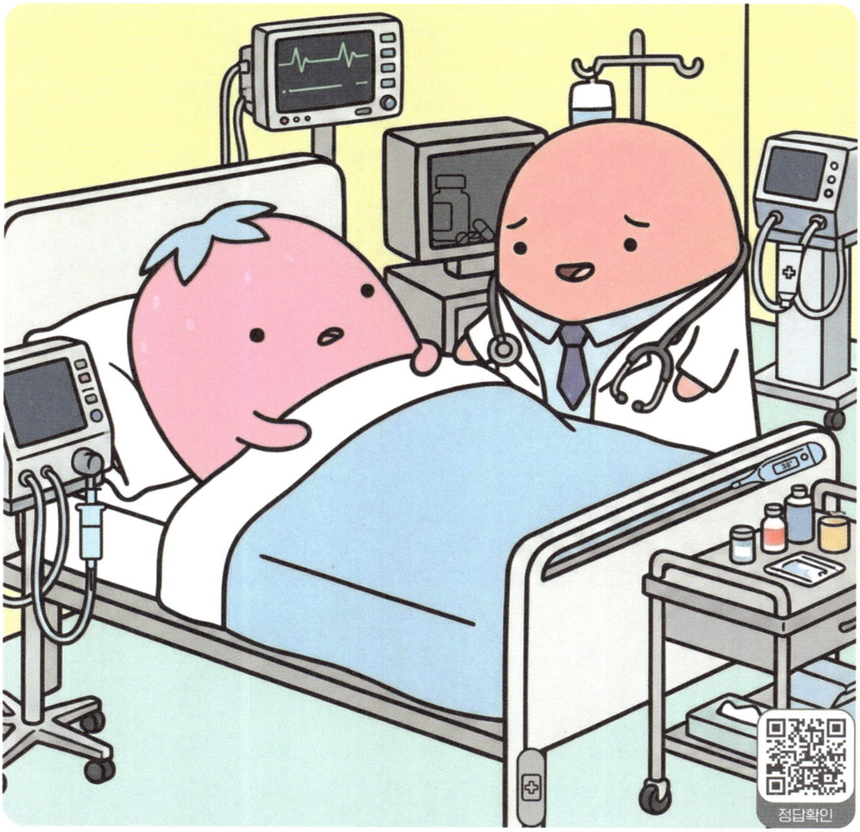

정답확인

01
病
bìng
삥잉

명 병 동 병나다

我生病了，今天不能去上课。
Wǒ shēngbìng le, jīntiān bù néng qù shàngkè.
워 쓰엉삥잉 러, 찌인티엔 뿌 느엉 취 쌰앙크어.

저 병이 나서, 오늘 수업을 들으러 갈 수 없어요.

02
药*
yào
야오

명 약

医生让我按时吃药，好好休息。
Yīshēng ràng wǒ ànshí chī yào, hǎohāo xiūxi.
이쓰엉 라앙 워 아안쓸 츨 야오, 하오하오 씨어우씨.

의사가 저에게 제때 약을 먹고, 잘 쉬라고 했어요.

03
不舒服
bù shūfu
뿌 쓔우

(몸이) 아프다, 불편하다

你哪儿不舒服？
Nǐ nǎr bù shūfu?
니 나알 뿌 쓔우?

어디가 아프세요?

04
感冒*
gǎnmào
까안마오

동 감기에 걸리다 명 감기

最近很多人都感冒了。
Zuìjìn hěn duō rén dōu gǎnmào le.
쭈에이찌인 흐언 뚜어 르언 떠우 까안마오 러.

최근에 많은 사람들이 감기에 걸렸어요.

05

发烧 *

fāshāo

ⓕ아쌰오

동 열이 나다

小孩发烧了，体温38度。

Xiǎohái fāshāo le, tǐwēn sānshíbā dù.

씨아오하이 ⓕ아쌰오 러, 티원 싸안싈빠 뚜.

아이가 열이 나서, 체온이 38도예요.

06

鼻涕 *

bítì

삐티

명 콧물

我一直流鼻涕，可能感冒了。

Wǒ yìzhí liú bítì, kěnéng gǎnmào le.

워 이쯔 리어우 삐티, 크어느엉 까안마오 러.

저는 계속 콧물이 나요. 감기에 걸린 것 같아요.

07

咳嗽 *

késou

크어써우

동 기침하다

他咳嗽咳得很厉害。

Tā késou ké de hěn lìhai.

타 크어써우 크어 떠 흐언 리하이.

그는 기침을 심하게 해요.

08

痰 *

tán

타안

명 가래

不要随地吐痰。

Bú yào suídì tǔ tán.

뿌 야오 쑤에이띠 투 타안.

아무 곳이나 가래를 뱉지 마세요.

09
肿 *
zhǒng
쪼옹

㊅ 붓다

我眼睛发炎了，现在很肿。
Wǒ yǎnjing fāyán le, xiànzài hěn zhǒng.
워 옌찌잉 ⓕ아옌 러, 씨엔짜이 흐언 쪼옹.

제 눈에 염증이 나서, 지금 많이 부었어요.

10
酸痛
suāntòng
쑤안토옹

㊉ (몸이) 쑤시고 아프다

运动后肌肉酸痛是正常的。
Yùndòng hòu jīròu suāntòng shì zhèngcháng de.
윈또옹 허우 찌러우 쑤안토옹 쓸 쯔엉 챠앙 떠.

운동 후 근육이 쑤시고 아픈 것은 정상이에요.

11
扭 *
niǔ
니어우

㊅ 삐다, 접질리다

我跑步的时候不小心扭了脚。
Wǒ pǎobù de shíhou bù xiǎoxīn niǔle jiǎo.
워 파오뿌 떠 쓸허우 뿌 씨아오씨인 니어우러 찌아오.

저는 뛰다가 실수로 발을 삐었어요.

12
摔倒
shuāidǎo
쓔아이따오

넘어지다

地上很滑，小心摔倒。
Dìshang hěn huá, xiǎoxīn shuāidǎo.
띠쌰앙 흐언 후아, 씨아오씨인 쓔아이따오.

바닥이 미끄러워요. 넘어지지 않게 조심해요.

13
痒 *
yǎng
양

형 가렵다

昨晚睡觉时被蚊子咬了，现在很痒。
Zuówǎn shuìjiào shí bèi wénzi yǎo le, xiànzài hěn yǎng.
쭈어완 쓔에이찌아오 쓸 뻬이 원쯔 야오 러, 씨엔짜이 흐언 양.

어젯밤에 잘 때 모기에 물려서, 지금 많이 가려워요.

14
症状 *
zhèngzhuàng
쯔엉쭈앙

명 증상

发烧是很多疾病的常见症状。
Fāshāo shì hěn duō jíbìng de chángjiàn zhèngzhuàng.
ⓕ아샤오 쓸 흐언 뚜어 찌삥잉 떠 챵앙찌엔 쯔엉쭈앙.

열이 나는 것은 많은 질병의 흔한 증상이에요.

15
鼻炎
bíyán
삐옌

명 비염

一到换季，我的鼻炎就容易发作。
Yí dào huànjì, wǒ de bíyán jiù róngyì fāzuò.
이 따오 후안찌, 워 떠 삐옌 찌어우 로옹이 ⓕ아쭈어.

계절이 바뀌기만 하면, 제 비염이 쉽게 도져요.

16
严重 *
yánzhòng
옌쪼옹

TIP
看医生은 '의사를 보러 간다'가 아닌 병원에 가서 치료를 받는다는 뜻이에요.

형 심하다, 심각하다

如果头痛严重，就要去看医生。
Rúguǒ tóutòng yánzhòng, jiù yào qù kàn yīshēng.
루꾸어 터우토옹 옌쪼옹, 찌어우 야오 취 카안 이쓰엉.

두통이 심하면, 병원에 가야 해요.

✱ = HSK 필수단어

17
手术*
shǒushù
쎠우쓔

명 수술

手术很成功，他恢复得很好。
Shǒushù hěn chénggōng, tā huīfù de hěn hǎo.
쎠우쓔 흐언 츠엉꽁, 타 후에이푸 뜨 흐언 하오.

수술이 아주 성공적이어서, 그는 잘 회복했어요.

18
吊针
diàozhēn
띠아오쯔언

명 링거

打完吊针后就可以回家了。
Dǎwán diàozhēn hòu jiù kěyǐ huí jiā le.
따완 띠아오쯔언 허우 찌어우 크어이 후에이 찌아 러.

링거를 다 맞으면 집에 돌아갈 수 있어요.

19
打针*
dǎzhēn
따쯔언

동 주사를 맞다, 주사를 놓다

儿子怕打针，一直哭。
Érzi pà dǎzhēn, yìzhí kū.
으얼쯔 파 따쯔언, 이쯔 쿠.

아들이 주사 맞는 것을 무서워해서, 계속 울어요.

20
住院*
zhùyuàn
쮸위엔

동 입원하다

我爸爸需要住院三天。
Wǒ bàba xūyào zhùyuàn sān tiān.
워 빠빠 쒸야오 쮸위엔 싸안 티엔.

저희 아빠는 3일 동안 입원해야 해요.

21
恢复 *
huīfù
후에이푸

동 회복되다, 회복하다

伤口**恢复**得很快。
Shāngkǒu huīfù de hěn kuài.
썅커우 후에이푸 떠 흐언 쿠아이.

상처가 **회복되는** 게 매우 빨라요.

22
片 *
piàn
피엔

양 알, 정

一次要吃多少**片**?
Yí cì yào chī duōshao piàn?
이 츠 야오 츨 뚜어쌰오 피엔?

한 번에 몇 **알**씩 먹어야 해요?

23
感冒药
gǎnmàoyào
까안마오야오

명 감기약

吃了**感冒药**可能会有点儿困。
Chīle gǎnmàoyào kěnéng huì yǒudiǎnr kùn.
츨러 까안마오야오 크어느엉 후에이 여우띠알 쿠언.

감기약을 먹으면 좀 졸릴 수 있어요.

24
创可贴
chuāngkětiē
츄앙크어티에

명 반창고, 밴드

你有**创可贴**吗?
Nǐ yǒu chuāngkětiē ma?
니 여우 츄앙크어티에 마?

반창고 있어요?

25
止痛药
zhǐtòngyào
쯜토옹야오

명 진통제

这种止痛药见效很快。
Zhè zhǒng zhǐtòngyào jiànxiào hěn kuài.
쯔어 죠옹 쯜토옹야오 찌엔씨아오 흐언 쿠아이.

이런 진통제는 효과가 빨리 나타나요.

26
泻药
xièyào
씨에야오

명 설사약

泻药不能随便吃。
Xièyào bù néng suíbiàn chī.
씨에야오 뿌 느엉 쑤에이삐엔 츠.

설사약은 함부로 먹으면 안 돼요.

27
退烧药
tuìshāoyào
투에이쌰오야오

명 해열제

你发烧了，赶紧吃退烧药吧。
Nǐ fāshāo le, gǎnjǐn chī tuìshāoyào ba.
니 f아쌰오 러, 까안찌인 츠 투에이쌰오야오 빠.

당신은 열이 나요. 빨리 해열제를 먹어요.

28
晕车药
yùnchēyào
윈츠어야오

명 멀미약

晕车药要提前半小时吃。
Yùnchēyào yào tíqián bàn xiǎoshí chī.
윈츠어야오 야오 티치엔 빠안 씨아오쓸 츠.

멀미약은 30분 전에 미리 먹어야 해요.

TIP

晕车药는 '차멀미약'을 뜻하며 '뱃멀미약, 비행기 멀미약'은 각각 晕船药(yùnchuányào), 晕机药(yùnjīyào)라고 해요.

29
消化药
xiāohuàyào
씨아오후아야오

명 소화제

这家药店的消化药种类很多。
Zhè jiā yàodiàn de xiāohuàyào zhǒnglèi hěn duō.
쯔어 찌아 야오띠엔 떠 씨아오후아야오 죵롱레이 흐언 뚜어.

이 약국의 소화제는 종류가 매우 많아요.

30
口罩*
kǒuzhào
커우쨔오

명 마스크

这里卖口罩吗?
Zhèli mài kǒuzhào ma?
쯔어리 마이 커우쨔오 마?

여기서 마스크 파나요?

31
药膏
yàogāo
야오까오

명 연고

哪种药膏可以止痒?
Nǎ zhǒng yàogāo kěyǐ zhǐyǎng?
나 죵옹 야오까오 크어이 쯔양?

어떤 연고가 가려움을 멈추게 할 수 있나요?

32
服用*
fúyòng
f우용

동 복용하다, (약을) 먹다

这个药应该饭前服用还是饭后服用?
Zhège yào yīnggāi fàn qián fúyòng háishi fàn hòu fúyòng?
쯔어끄어 야오 잉까이 f안 치엔 f우용 하이쓸 f안 허우 f우용?

이 약은 식전에 복용해야 해요 아니면 식후에 복용해야 해요?

라이브 스몰톡

빈칸의 한국어를 중국어로 바꾸면서 직접 말해보세요.

MP3 바로듣기

친구

你怎么了？看起来很不舒服。
Nǐ zěnme le? Kàn qǐlai hěn bù shūfu.
무슨 일이야? 매우 불편해 보여.

나

我一直流 ①콧물，还有点儿 ②기침하다。
Wǒ yìzhí liú ① ______, hái yǒudiǎnr ② ______.
계속 콧물이 나고, 또 기침 좀 해.

친구

你可能感冒了，我带你去看医生吧。
Nǐ kěnéng gǎnmào le, wǒ dài nǐ qù kàn yīshēng ba.
감기인가 보네. 내가 병원에 데려다 줄게.

나

我先吃点儿 ③약，如果还是很 ④심하다，我就去医院。
Wǒ xiān chī diǎnr ③ ______, rúguǒ háishi hěn ④ ______, wǒ jiù qù yīyuàn.
먼저 약 좀 먹어보고, 만약 그래도 심하면, 병원에 갈게.

정답 | ① 鼻涕(bítì) ② 咳嗽(késou) ③ 药(yào) ④ 严重(yánzhòng)

단어 | 一直 yìzhí 부 계속, 줄곧 可能 kěnéng 부 (아마도) ~인 것 같다

5편

주변 환경의 모든 것

- 자연 · 교통 · 문화

25 일차

MP3 바로듣기

자연·계절·날씨

숨은그림찾기

오늘 배울 단어 5개를 찾아보세요.

树	花	月亮	星星	秋天
나무	꽃	달	별	가을

정답확인

01

山 *

shān

싸안

명 산

山上的风景真美。

Shān shang de fēngjǐng zhēn měi.

싸안 싸앙 떠 ⓕ엉찌잉 쯔언 메이.

산 위의 풍경이 정말 아름다워요.

02

海边

hǎibiān

하이삐엔

명 해변, 바닷가

TIP 바다는 大海(dàhǎi)라고 해요.

我们去海边看日落吧。

Wǒmen qù hǎibiān kàn rìluò ba.

워므언 취 하이삐엔 카안 르루어 빠.

우리 일몰 보러 해변에 가요.

03

树 *

shù

쑤

명 나무

这棵树有一百年了。

Zhè kē shù yǒu yì bǎi nián le.

쪼어 크어 쑤 여우 이 빠이 니엔 러.

이 나무는 백 년이 됐어요.

04

花 *

huā

후아

명 꽃

花园里开满了五颜六色的花。

Huāyuán li kāimǎnle wǔyánliùsè de huā.

후아위엔 리 카이마안러 우옌리어우쓰어 떠 후아.

정원에 형형색색의 꽃이 가득 피었어요.

25일차

해커스 중국어 첫걸음 단어장

05
太阳 *
tàiyáng
타이양

명 해, 태양

现在太阳很大，出去要戴帽子。
Xiànzài tàiyáng hěn dà, chūqu yào dài màozi.
씨엔짜이 타이양 흐언 따, 츄취 야오 따이 마오쯔.

지금 해가 강하니, 나갈 때 모자를 써야 해요.

06
月亮 *
yuèliang
위에리앙

명 달

月亮从云层后面慢慢升起来了。
Yuèliang cóng yúncéng hòumian mànmān shēng qǐlai le.
위에리앙 초옹 윈츠엉 허우미엔 마안마안 쓰엉 치라이 러.

달이 구름 뒤에서 천천히 떠올랐어요.

07
星星 *
xīngxing
씨잉씨잉

명 별

你抬头看，满天都是星星。
Nǐ táitóu kàn, mǎn tiān dōu shì xīngxing.
니 타이터우 카안, 마안 티엔 떠우 쓸 씨잉씨잉.

고개를 들어보세요. 하늘 가득 별이에요.

08
自然 *
zìrán
쯔라안

명 자연

这里的自然风景很美。
Zhèli de zìrán fēngjǐng hěn měi.
쯔어리 떠 쯔라안 f으엉찌잉 흐언 메이.

이곳의 자연 풍경은 매우 아름다워요.

09
春天*
chūntiān
츄언티엔

명 봄

春天来了，花都开了。
Chūntiān lái le, huā dōu kāi le.
츄언티엔 라이 러, 후아 떠우 카이 러.

봄이 오더니, 꽃이 다 피었어요.

10
夏天*
xiàtiān
씨아티엔

명 여름

夏天蚊子多，晚上在外面容易被咬。
Xiàtiān wénzi duō, wǎnshang zài wàimian róngyì bèi yǎo.
씨아티엔 원쯔 뚜어, 완쌰앙 짜이 와이미엔 로옹이 뻬이 야오.

여름에 모기가 많아서, 밤에 밖에 있으면 물리기 쉬워요.

11
秋天*
qiūtiān
치어우티엔

명 가을

秋天是我最喜欢的季节。
Qiūtiān shì wǒ zuì xǐhuan de jìjié.
치어우티엔 쓸 워 쭈에이 씨후안 떠 지찌에.

가을은 제가 가장 좋아하는 계절이에요.

12
冬天*
dōngtiān
또옹티엔

명 겨울

冬天早上起床很难。
Dōngtiān zǎoshang qǐchuáng hěn nán.
또옹티엔 짜오쌰앙 치츄앙 흐언 나안

겨울 아침에는 일어나기 정말 힘들어요.

13
季节*

jìjié
찌찌에

명 계절

随着季节变化，风景也会有不同的颜色。
Suízhe jìjié biànhuà, fēngjǐng yě huì yǒu bùtóng de yánsè.
쑤에이쯔어 찌찌에 삐엔후아, ㅍ엉찌잉 예 후에이 여우 뿌토옹 뜨 옌쓰어.

계절이 변함에 따라, 풍경도 다른 색을 띠어요.

14
雨季

yǔjì
위찌

명 우기, 장마철

TIP
건기는 旱季(hànjì) 또는 干季(gānjì)라고 해요.

最近是雨季吗？一直在下雨。
Zuìjìn shì yǔjì ma? Yìzhí zài xià yǔ.
쭈에이찌인 쓸 위찌 마? 이쯜 짜이 씨아 위.

요즘 우기예요? 계속 비가 오네요.

15
换季

huànjì
후안찌

동 계절이 바뀌다

换季的时候要小心感冒。
Huànjì de shíhou yào xiǎoxīn gǎnmào.
후안찌 뜨 쓸허우 야오 씨아오씨인 까안마오.

계절이 바뀔 때에는 감기를 조심해야 해요.

16
天气*

tiānqì
티엔치

명 날씨

明天天气怎么样？
Míngtiān tiānqì zěnmeyàng?
미잉티엔 티엔치 쯔언므어양?

내일 날씨가 어때요?

17
冷 *
lěng
르엉

형 춥다

外面很冷，你要穿件厚外套。
Wàimian hěn lěng, nǐ yào chuān jiàn hòu wàitào.
와이미엔 흐언 르엉, 니 야오 츄안 찌엔 허우 와이타오.

밖이 아주 추우니까, 두꺼운 외투를 입어야 해요.

18
热 *
rè
르어

형 덥다

今天实在太热了，走几步路就出汗了。
Jīntiān shízài tài rè le, zǒu jǐ bù lù jiù chū hàn le.
찌인티엔 쓸짜이 타이 르어 러, 쩌우 찌 뿌 루 찌어우 츄 하안 러.

오늘 정말 너무 더워요. 몇 발자국 걸었는데 바로 땀이 났어요.

19
暖和 *
nuǎnhuo
누완후어

형 따뜻하다

今天比昨天暖和多了。
Jīntiān bǐ zuótiān nuǎnhuo duō le.
찌인티엔 삐 쭈어티엔 누완후어 뚜어 러.

오늘이 어제보다 훨씬 따뜻해요.

20
凉快 *
liángkuai
리앙쿠아이

형 시원하다, 선선하다

我们去凉快的地方休息一下吧。
Wǒmen qù liángkuai de dìfang xiūxi yíxià ba.
워므언 취 리앙쿠아이 떠 띠f앙 씨어우씨 이씨아 빠.

우리 시원한 곳에 가서 좀 쉬어요.

21
干燥 *
gānzào
까안짜오

형 건조하다

北方的气候很干燥。
Běifāng de qìhòu hěn gānzào.
뻬이ⓕ아앙 떠 치허우 흐언 까안짜오.

북방의 기후는 아주 건조해요.

22
潮湿 *
cháoshī
챠오쓸

형 습하다, 눅눅하다

房间太潮湿了，我去开除湿机。
Fángjiān tài cháoshī le, wǒ qù kāi chúshījī.
ⓕ아앙찌엔 타이 챠오쓸 러, 워 취 카이 츄쓸찌.

방이 너무 습해요. 제가 가서 제습기를 켤게요.

23
下雨 *
xià yǔ
씨아 위

비가 오다

外面下雨了，路上很滑。
Wàimian xià yǔ le, lù shang hěn huá.
와이미엔 씨아 위 러, 루 쌰앙 흐언 후아.

밖에 비가 와서, 길이 미끄러워요.

24
下雪
xià xuě
씨아 쒸에

눈이 오다

下雪了！孩子们都兴奋极了。
Xià xuě le! Háizimen dōu xīngfèn jí le.
씨아 쒸에 러! 하이쯔므언 떠우 씨잉ⓕ으언 찌 러.

눈이 와요! 아이들이 다 몹시 신나 해요.

25
晴 *
qíng
치잉

형 맑다

下了几天雨，天终于变晴了。
Xiàle jǐ tiān yǔ, tiān zhōngyú biàn qíng le.
씨아러 찌 티엔 위, 티엔 쪼옹위 삐엔 치잉 러.

며칠간 비가 왔는데, 드디어 날씨가 맑아졌어요.

26
阴 *
yīn
인

형 흐리다

最近总是阴天，心情也不好。
Zuìjìn zǒngshì yīntiān, xīnqíng yě bù hǎo.
쭈에이찌인 쪼옹쓰 인티엔, 씨인치잉 예 뿌 하오.

최근에 계속 흐린 날이어서, 기분도 안 좋아요.

27
温差 *
wēnchā
원챠

명 온도차

这里昼夜温差大。
Zhèli zhòuyè wēnchā dà.
쯔어리 쪄우예 원챠 따.

여기는 낮과 밤의 온도차가 커요.

TIP
昼夜温差는 '일교차'라는 뜻으로, 昼는 '낮'을, 夜는 '밤'을 뜻해요.

28
零下 *
língxià
리잉씨아

명 영하

哈尔滨冬天经常零下二十度。
Hā'ěrbīn dōngtiān jīngcháng língxià èrshí dù.
하으얼삐인 또옹티엔 찌잉챵앙 리잉씨아 으얼쓰 뚜.

하얼빈은 겨울에 자주 영하 20도예요.

29
度*

dù
뚜

㊄ 도[온도의 단위]

明天最高温度二十五度。
Míngtiān zuì gāo wēndù èrshíwǔ dù.
미잉티엔 쭈에이 까오 원뚜 으얼쓸우 뚜.

내일 최고 온도는 25도예요.

30
刮风

guā fēng
꾸아 ⓕ엉

바람이 불다

刮风的时候不要在树下站着。
Guā fēng de shíhou bú yào zài shù xià zhànzhe.
꾸아 ⓕ엉 떠 쓸허우 뿌 야오 짜이 쓔 씨아 짜안쪄.

바람이 불 때는 나무 아래 서 있지 마세요.

31
雾霾

wùmái
우마이

㊄ 초미세먼지, 스모그

今天雾霾很严重，最好不要出门。
Jīntiān wùmái hěn yánzhòng, zuìhǎo bú yào chūmén.
찌인티엔 우마이 흐언 옌쪼옹, 쭈에이하오 뿌 야오 츄므언.

오늘 초미세먼지가 아주 심하니까, 나가지 않는 게 좋아요.

32
沙尘暴

shāchénbào
쌰츠언빠오

㊄ 황사

遇到沙尘暴要关好门窗。
Yùdào shāchénbào yào guānhǎo ménchuāng.
위따오 쌰츠언빠오 야오 꾸안하오 므언츄앙.

황사를 만나면 문과 창문을 잘 닫아야 해요.

라이브 스몰톡

빈칸의 한국어를 중국어로 바꾸면서 직접 말해보세요.

MP3 바로듣기

남편

因为今天有雾霾，都看不见太阳了。
Yīnwèi jīntiān yǒu wùmái, dōu kàn bu jiàn tàiyáng le.
오늘 초미세먼지가 있어서, 해가 안 보이네.

나

是啊，天很 ①흐리다，还特别 ②건조하다。
Shì a, tiān hěn ①____, hái tèbié ②____.
맞아. 하늘이 흐린 데다가, 너무 건조해.

남편

听说明天可能有沙尘暴，更糟糕。
Tīngshuō míngtiān kěnéng yǒu shāchénbào, gèng zāogāo.
내일은 황사가 올 수도 있다는데, 더 최악이야.

나

最近 ③날씨 真不好，要是 ④비가 오다 就好了。
Zuìjìn ③____ zhēn bù hǎo, yàoshi ④____ jiù hǎo le.
요즘 날씨가 정말 안 좋은데, 비 오면 좋겠다.

정답 | ① 阴(yīn) ② 干燥(gānzào) ③ 天气(tiānqì) ④ 下雨(xià yǔ)

단어 | 糟糕 zāogāo 형 최악이다, 엉망이다 要是 yàoshi 접 만약 ~하면

26 일차

MP3 바로듣기

동식물

숨은그림찾기

오늘 배울 단어 5개를 찾아보세요.

狗	猫	兔子	鸟	花盆
강아지, 개	고양이	토끼	새	화분

정답확인

01
动物*
dòngwù
또옹우

명 동물

小孩儿大部分很喜欢小动物。
Xiǎoháir dàbùfen hěn xǐhuan xiǎo dòngwù.
씨아오하알 따뿌으언 흐언 씨후안 씨아오 또옹우.

아이들은 대부분 작은 동물을 아주 좋아해요.

02
植物*
zhíwù
쯔우

명 식물

我在家的阳台上种了很多植物。
Wǒ zài jiā de yángtái shang zhòngle hěn duō zhíwù.
워 짜이 찌아 떠 양타이 쌰앙 쪼옹러 흐언 뚜어 쯔우.

저는 집 베란다에 식물을 많이 심었어요.

03
养*
yǎng
양

동 키우다, 기르다

我养了一只狗和两只猫。
Wǒ yǎngle yì zhī gǒu hé liǎng zhī māo.
워 양러 이 쯔 꺼우 흐어 리앙 쯔 마오.

저는 강아지 한 마리와 고양이 두 마리를 키워요.

04
宠物*
chǒngwù
쵸옹우

명 반려동물

这个公寓不允许养宠物。
Zhège gōngyù bù yǔnxǔ yǎng chǒngwù.
쯔어끄어 꼬옹위 뿌 윈쒸 양 쵸옹우.

이 아파트는 반려동물 기르는 걸 허용하지 않아요.

05

狗 *

gǒu
꺼우

명 강아지, 개

我每天去公园遛**狗**。
Wǒ měitiān qù gōngyuán liù gǒu.
워 메이티엔 취 꼬옹위엔 리어우 꺼우.

저는 매일 공원에 가서 **강아지**를 산책시켜요.

06

猫 *

māo
마오

명 고양이

TIP
流浪猫(liúlàngmāo)는 길고양이에요.

我家的**猫**性格都不一样。
Wǒ jiā de māo xìnggé dōu bù yíyàng.
워 찌아 떠 마오 씨잉끄어 떠우 뿌 이양.

우리집 **고양이**들은 성격이 모두 달라요.

07

兔子 *

tùzi
투쯔

명 토끼

我给**兔子**喂胡萝卜。
Wǒ gěi tùzi wèi húluóbo.
워 께이 투쯔 웨이 후루어뽀어.

저는 **토끼**에게 당근을 먹여요.

08

鸟 *

niǎo
니아오

명 새

鸟笼太小会让鸟不舒服。
Niǎolóng tài xiǎo huì ràng niǎo bù shūfu.
니아오로옹 타이 씨아오 후에이 라앙 니아오 뿌 쑤우.

새장이 너무 작으면 새가 불편해 해요.

09
熊猫
xióngmāo
씨옹마오

명 판다

我想去四川看看熊猫。
Wǒ xiǎng qù Sìchuān kànkan xióngmāo.
워 씨앙 취 쓰츄안 카안카안 씨옹마오

저는 쓰촨에 가서 판다를 보고 싶어요.

10
老虎 *
lǎohǔ
라오후

명 호랑이

我第一次看到老虎，有点儿害怕。
Wǒ dìyī cì kàndào lǎohǔ, yǒudiǎnr hàipà.
워 띠이 츠 카안따오 라오후, 여우띠얄 하이파.

저는 호랑이를 처음 봤는데, 좀 무서워요.

11
大象 *
dàxiàng
따씨앙

명 코끼리

你知道大象也是草食动物吗？
Nǐ zhīdào dàxiàng yě shì cǎoshí dòngwù ma?
니 쯜따오 따씨앙 예 씈 차오씈 또옹으 마?

코끼리도 초식 동물인 거 알고 있나요?

12
青蛙
qīngwā
치잉와

명 개구리

TIP
중국에서는 개구리를 즐겨 먹는답니다. 중국에 가게 되면 꼭 먹어 보세요!

农村的夜里能听到很多青蛙叫声。
Nóngcūn de yè li néng tīngdào hěn duō qīngwā jiàoshēng.
노옹추언 떠 예 리 느엉 티잉따오 흐언 뚜어 치잉와 찌아오쓰엉.

농촌의 밤에는 개구리 울음소리가 많이 들려요.

13
训练 *
xùnliàn
쒼리엔

[동] 훈련하다

用零食来训练狗，效果更好。
Yòng língshí lái xùnliàn gǒu, xiàoguǒ gèng hǎo.
용 리잉쓸 라이 쒼리엔 꺼우, 씨아오꾸어 끄엉 하오.

간식으로 강아지를 훈련하면, 효과가 더 좋아요.

14
散步 *
sànbù
싸안뿌

[동] 산책하다

散步对宠物的健康很有好处。
Sànbù duì chǒngwù de jiànkāng hěn yǒu hǎochu.
싸안뿌 뚜에이 쵸옹우 떠 찌엔카앙 흐언 여우 하오추.

산책은 반려동물의 건강에 매우 좋아요.

15
毛 *
máo
마오

[명] 털

这只小鸟的毛很漂亮。
Zhè zhī xiǎo niǎo de máo hěn piàoliang.
쪄어 쯔 씨아오 니아오 떠 마오 흐언 피아오리앙.

이 작은 새의 털이 매우 예뻐요.

16
掉 *
diào
띠아오

[동] 빠지다, 떨어지다

养猫的唯一的缺点就是掉毛。
Yǎng māo de wéiyī de quēdiǎn jiù shì diào máo.
양 마오 떠 웨이이 떠 취에띠엔 찌어우 쓸 띠아오 마오.

고양이를 키우는 것의 유일한 단점은 털이 빠지는 거예요.

17
领养*
lǐngyǎng
리잉양

동 입양하다

领养宠物需要准备什么?
Lǐngyǎng chǒngwù xūyào zhǔnbèi shénme?
리잉양 쵸옹우 쒸야오 쮸언뻬이 쓰언머어?

반려동물을 입양하려면 무엇을 준비해야 해요?

18
咬*
yǎo
야오

동 물다, 깨물다

兔子咬了我的手指。
Tùzi yǎole wǒ de shǒuzhǐ.
투쯔 야오러 워 떠 쎠우쯔.

토끼가 제 손가락을 물었어요.

19
动作*
dòngzuò
또옹쭈어

명 동작, 행동

训练师教狗做很多动作。
Xùnliànshī jiāo gǒu zuò hěn duō dòngzuò.
쒼리엔쓸 찌아오 꺼우 쭈어 흐언 뚜어 또옹쭈어.

트레이너는 개에게 많은 동작을 하도록 가르쳤어요.

20
粮
liáng
리앙

명 사료

TIP
고양이 사료는 猫粮(māoliáng)이에요.

这种狗粮价格比较高，但很有营养。
Zhè zhǒng gǒuliáng jiàgé bǐjiào gāo, dàn hěn yǒu yíngyǎng.
쯔어 쬬옹 꺼우리앙 찌아끄어 삐찌아오 까오, 따안 흐언 여우 잉양.

이런 개 사료는 가격이 비교적 높지만, 영양이 풍부해요.

21
櫻花

yīnghuā
잉후아

명 벚꽃

我们一起去看**樱花**怎么样?
Wǒmen yìqǐ qù kàn yīnghuā zěnmeyàng?
워므언 이치 취 카안 잉후아 쯔언므어양?

우리 같이 **벚꽃** 보러 갈래요?

TIP
벚꽃놀이를 포함한 꽃놀이, 꽃구경은 **赏花**(shǎng huā)라고 해요.

22
玫瑰 *

méigui
메이꾸에이

명 장미

你喜欢什么颜色的**玫瑰**?
Nǐ xǐhuan shénme yánsè de méigui?
니 씨후안 쓰언므어 옌쓰어 떠 메이꾸에이?

당신은 어떤 색깔의 **장미**를 좋아해요?

23
松树 *

sōngshù
쏘옹쓔

명 소나무

松树一年四季都是绿的。
Sōngshù yì nián sì jì dōu shì lǜ de.
쏘옹쓔 이 니엔 쓰 찌 떠우 쓸 뤼 떠.

소나무는 사계절 내내 푸르러요.

24
竹子 *

zhúzi
쮸쯔

명 대나무

竹子是熊猫的主要食物。
Zhúzi shì xióngmāo de zhǔyào shíwù.
쮸즈 쓸 씨옹마오 떠 쮸야오 쓸우.

대나무는 판다의 주요 먹을거리예요.

25
花盆

huāpén
후아프언

명 화분

我需要买一个大花盆。
Wǒ xūyào mǎi yí ge dà huāpén.
워 쒸야오 마이 이 끄어 따 후아프언.

저는 큰 화분 하나를 사야 해요.

26
浇水

jiāo shuǐ
찌아오 쓔에이

물을 주다

仙人掌是不用经常浇水的。
Xiānrénzhǎng shì búyòng jīngcháng jiāo shuǐ de.
씨엔르언짱 쓸 뿌용 찌잉챵 찌아오 쓔에이 뜨어.

선인장은 자주 물을 줄 필요가 없어요.

27
晒太阳

shài tàiyáng
쌰이 타이양

햇볕을 쬐다

这种植物不能直接晒太阳。
Zhè zhǒng zhíwù bù néng zhíjiē shài tàiyáng.
쯔어 쫑 쯜우 뿌 느엉 쯜찌에 쌰이 타이양.

이런 식물은 직접 햇볕을 쬐면 안 돼요.

28
容易 *

róngyì
로옹이

형 쉽다

这种花很容易养活。
Zhè zhǒng huā hěn róngyì yǎnghuó.
쯔어 쫑 후아 흐언 로옹이 양후어.

이런 꽃은 기르기가 매우 쉬워요.

26일차

해커스 중국어 첫걸음 단어장

29
种*
zhòng
쫘옹

동 심다

奶奶喜欢在菜园里**种**菜。
Nǎinai xǐhuan zài càiyuán li zhòng cài.
나이나이 씨후안 짜이 차이위엔 리 쫘옹 차이.

할머니는 텃밭에서 채소 **심는** 걸 좋아해요.

30
长*
zhǎng
쨔앙

동 자라다

竹子**长**得比其他植物快。
Zhúzi zhǎng de bǐ qítā zhíwù kuài.
쮸쯔 쨔앙 떠 삐 치타 쯔우 쿠아이.

대나무는 다른 식물보다 빨리 **자라요**.

TIP
长이 '길다'라는 뜻일 때는 cháng으로 읽어요. 이렇게 한 글자에 여러 뜻과 발음이 있는 글자를 '다음자'라고 해요.

31
枯萎*
kūwěi
쿠웨이

동 시들다, 마르다

我忘了浇水，花都**枯萎**了。
Wǒ wàngle jiāo shuǐ, huā dōu kūwěi le.
워 왕러 찌아오 슈에이, 후아 떠우 쿠웨이 러.

제가 물 주는 걸 깜빡해서, 꽃들이 다 **시들**었어요.

32
死*
sǐ
쓰

동 죽다

我养的植物都**死**掉了。
Wǒ yǎng de zhíwù dōu sǐdiào le.
워 양 떠 쯔우 떠우 쓰띠아오 러.

제가 키우던 식물은 다 **죽어**버렸어요.

라이브 스몰톡

빈칸의 한국어를 중국어로 바꾸면서 직접 말해보세요.

MP3 바로듣기

동생

我朋友领养了一只猫，太可爱了。
Wǒ péngyou lǐngyǎngle yì zhī māo, tài kě'ài le.
내 친구가 고양이 한 마리를 입양했는데, 너무 귀여워.

나

猫是很好养的动物，不需要 ①훈련하다 和 ②산책하다。
Māo shì hěn hǎo yǎng de dòngwù, bù xūyào ① ______ hé ② ______.
고양이는 키우기 아주 좋은 동물이야. 훈련과 산책이 필요 없어.

동생

不过他是第一次养，觉得很困难。
Búguò tā shì dìyī cì yǎng, juéde hěn kùnnan.
그래도 친구는 처음 키우는 거라, 어려운가 봐.

나

按时给猫 ③사료，还有帮它护理 ④털 就可以了！
Ànshí gěi māo ③ ______, háiyǒu bāng tā hùlǐ ④ ______ jiù kěyǐ le!
제시간에 사료 챙겨주고, 털 관리만 잘해주면 돼!

정답 | ① 训练(xùnliàn) ② 散步(sànbù) ③ 粮(liáng) ④ 毛(máo)

단어 | 领养 lǐngyǎng 동 입양하다 护理 hùlǐ 동 관리하다, 케어하다

27 일차

교통

MP3 바로듣기

숨은그림찾기

오늘 배울 단어 5개를 찾아보세요.

汽车	自行车	电梯	左转	红绿灯
자동차	자전거	엘리베이터	좌회전하다	신호등

정답확인

01
汽车 *

qìchē
치츠어

명 자동차

汽车需要加油了。
Qìchē xūyào jiā yóu le.
치츠어 쒸야오 찌아 여우 러.

자동차에 기름을 넣어야 해요.

02
公交车 *

gōngjiāochē
꽁찌아오츠어

명 버스

我们要坐的公交车五分钟后到。
Wǒmen yào zuò de gōngjiāochē wǔ fēnzhōng hòu dào.
워먼 야오 쭈어 떠 꽁찌아오츠어 우 펀쫑 허우 따오.

우리가 타야 할 버스는 5분 후에 와요.

03
出租车 *

chūzūchē
츄쭈츠어

명 택시

TIP
'택시를 잡다(타다)'는 간단하게 打的(dǎdī)라고도 해요.

帮我叫一辆出租车。
Bāng wǒ jiào yí liàng chūzūchē.
빠앙 워 찌아오 이 리앙 츄쭈츠어.

택시 한 대 불러 주세요.

04
地铁 *

dìtiě
띠티에

명 지하철

离这里最近的地铁站在哪儿?
Lí zhèli zuì jìn de dìtiězhàn zài nǎr?
리 쯔어리 쭈에이 찐 떠 띠티에짜안 짜이 나알?

여기에서 가장 가까운 지하철역은 어디에 있나요?

05

自行车*

zìxíngchē
쯔씨잉츠어

명 자전거

你会不会骑自行车?
Nǐ huì bu huì qí zìxíngchē?
니 후에이 뿌 후에이 치 쯔씨잉츠어?

자전거를 탈 줄 알아요?

TIP
骑自行车는 骑车(qíchē)라고 줄여 말하기도 해요.

06

电动车*

diàndòngchē
띠엔또옹츠어

명 전기 스쿠터, 전기 오토바이

我妈妈骑电动车上班。
Wǒ māma qí diàndòngchē shàngbān.
워 마마 치 띠엔또옹츠어 쌰앙빠안.

우리 엄마는 전기 스쿠터를 타고 출근해요.

07

火车*

huǒchē
후어츠어

명 기차

我在火车站等你。
Wǒ zài huǒchēzhàn děng nǐ.
워 짜이 후어츠어쨔안 뜨엉 니.

저는 기차역에서 당신을 기다리고 있어요.

08

飞机*

fēijī
ⓕ에이찌

명 비행기

飞机快要起飞了。
Fēijī kuài yào qǐfēi le.
ⓕ에이찌 쿠아이 야오 치ⓕ에이 러.

비행기가 곧 이륙해요.

TIP
착륙하다는 降落(jiàngluò)라고 해요.

09
路*
lù
루

명 (버스 노선의) 번, 도로

你可以坐18**路**公交车去。
Nǐ kěyǐ zuò shíbā lù gōngjiāochē qù.
니 크어이 쭈어 쓸빠 루 꼬옹찌아오츠어 취.

18**번** 버스를 타고 가면 돼요.

10
号线
hàoxiàn
하오씨엔

명 (지하철의) 호선

4**号线**的终点站是机场。
Sì hàoxiàn de zhōngdiǎnzhàn shì jīchǎng.
쓰 하오씨엔 떠 쫑옹띠엔짜안 쓸 찌차앙.

4**호선**의 종착역은 공항이에요.

11
换乘*
huànchéng
후안츠엉

동 환승하다

我要在下一站**换乘**7号线。
Wǒ yào zài xià yí zhàn huànchéng qī hàoxiàn.
워 야오 짜이 씨아 이 짜안 후안츠엉 치 하오씨엔.

저는 다음 역에서 7호선으로 **환승할** 거예요.

12
下一站
xià yí zhàn
씨아 이 짜안

다음 역

TIP
이전 역은 上一站(shàng yí zhàn)이라고 해요.

下一站会有很多人下车。
Xià yí zhàn huì yǒu hěn duō rén xià chē.
씨아 이 짜안 후에이 여우 흐언 뚜어 르언 씨아 츠어.

다음 역에서 많은 사람이 내릴 거예요.

13
出口*

chūkǒu
츄커우

명 출구

去公园要从几号**出口**出去?
Qù gōngyuán yào cóng jǐ hào chūkǒu chūqu?
취 꼬옹위엔 야오 초옹 찌 하오 츄커우 츄취?

공원에 가려면 몇 번 **출구**로 나가야 해요?

TIP
입구는 入口(rùkǒu)라고 해요.

14
电梯*

diàntī
띠엔티

명 엘리베이터, 에스컬레이터

我们坐**电梯**上去吧。
Wǒmen zuò diàntī shàngqu ba.
워므언 쭈어 띠엔티 쌰앙취 빠.

우리 **엘리베이터** 타고 올라가요.

TIP
에스컬레이터는 扶梯(fútī)라고도 해요.

15
斑马线*

bānmǎxiàn
빠안마씨엔

명 횡단보도

请走**斑马线**过马路。
Qǐng zǒu bānmǎxiàn guò mǎlù.
치잉 쩌우 빠안마씨엔 꾸어 마루.

횡단보도로 길을 건너세요.

16
十字路口*

shízì lùkǒu
쓸쯔 루커우

명 사거리

过了这个**十字路口**就到了。
Guòle zhège shízì lùkǒu jiù dào le.
꾸어러 쯔어끄어 쓸쯔 루커우 찌어우 따오 러.

이 **사거리**를 지나면 바로 도착해요.

17
红绿灯*
hónglǜdēng
호옹뤼뜨엉

명 신호등

路口的红绿灯坏了。
Lùkǒu de hónglǜdēng huài le.
루커우 떠 호옹뤼뜨엉 후아이 러.

교차로의 신호등이 고장 났어요.

18
堵车*
dǔchē
뚜츠어

동 차가 밀리다, 길이 막히다

下班时间这条路很容易堵车。
Xiàbān shíjiān zhè tiáo lù hěn róngyì dǔchē.
씨아빠안 쓸찌엔 쯔어 티아오 루 흐언 로옹이 뚜츠어.

퇴근 시간에 이 길은 차가 밀리기 쉬워요.

19
空车
kōngchē
코옹츠어

명 빈 차

这辆出租车是空车。
Zhè liàng chūzūchē shì kōngchē.
쯔어 리앙 츄쭈츠어 쓸 코옹츠어.

이 택시는 빈 차예요.

20
起步价
qǐbùjià
치뿌찌아

명 기본 요금

师傅，起步价是多少？
Shīfu, qǐbùjià shì duōshao?
쓸f우, 치뿌찌아 쓸 뚜어쌰오?

기사님, 기본 요금이 얼마예요?

21
左转

zuǒ zhuǎn
쭈어 쭈안

좌회전하다

这里不能**左转**。

Zhèli bù néng zuǒ zhuǎn.
쯔어리 뿌 느엉 쭈어 쭈안.

여기서는 **좌회전할** 수 없어요.

22
右转

yòu zhuǎn
여우 쭈안

우회전하다

在前面路口**右转**就到学校。

Zài qiánmian lùkǒu yòu zhuǎn jiù dào xuéxiào.
짜이 치엔미엔 루커우 여우 쭈안 찌어우 따오 쒸에씨아오.

앞 교차로에서 **우회전하면** 학교에 도착해요.

23
直走

zhí zǒu
즐 쩌우

직진하다

往前**直走**五百米就能看到了。

Wǎng qián zhí zǒu wǔ bǎi mǐ jiù néng kàndào le.
왕 치엔 즐 쩌우 우 빠이 미 찌어우 느엉 카안따오 러.

앞으로 500미터 **직진하면** 보여요.

24
掉头*

diàotóu
띠아오터우

동 유턴하다

前面可以**掉头**。

Qiánmian kěyǐ diàotóu.
치엔미엔 크어이 띠아오터우.

앞에서 **유턴할** 수 있어요.

TIP
掉头는 '고개를 돌리다'라는 뜻도 있어요.

25
靠边
kàobiān
카오삐엔

동 (길)가에 붙다, (길) 옆으로 붙다

我们靠边让救护车先过吧。
Wǒmen kàobiān ràng jiùhùchē xiān guò ba.
워먼 카오삐엔 라앙 찌어우후츠어 씨엔 꾸어 빠.

우리 길가에 붙어서 구급차 먼저 지나가게 해주자.

26
停*
tíng
티잉

동 (차를) 세우다, 멈추다

交警说这儿不能停车。
Jiāojǐng shuō zhèr bù néng tíngchē.
찌아오찌잉 쓔어 쯔얼 뿌 느엉 티잉츠어.

교통경찰이 여기에 차를 세우면 안 된다고 해요.

27
晚点*
wǎndiǎn
완띠엔

동 (비행기·차·배 등이) 연착하다

由于天气不好，航班晚点了。
Yóuyú tiānqì bù hǎo, hángbān wǎndiǎn le.
여우위 티엔치 뿌 하오, 하앙빠안 완띠엔 러.

날씨가 좋지 않아서, 항공편이 연착됐어요.

28
坐反
zuòfǎn
쭈어ⓕ아안

반대 방향으로 타다

坐地铁时别坐反了方向。
Zuò dìtiě shí bié zuòfǎnle fāngxiàng.
쭈어 띠티에 쓸 삐에 쭈어ⓕ아안러 ⓕ아앙씨앙.

지하철 탈 때 반대 방향으로 타지 마세요.

29
票*

piào
피아오

명 표, 티켓

火车票已经卖完了。
Huǒchē piào yǐjīng màiwán le.
후어츠어 피아오 이찌잉 마이완 러.

기차표가 이미 다 팔렸어요.

30
站台*

zhàntái
짜안타이

명 승강장, 플랫폼

我们要去三号站台候车。
Wǒmen yào qù sān hào zhàntái hòuchē.
워므언 야오 취 싸안 하오 짜안타이 허우츠어.

우리는 3번 승강장으로 가서 기차를 기다려야 해요.

31
后备箱*

hòubèixiāng
허우뻬이씨앙

명 트렁크

师傅，把后备箱打开一下。
Shīfu, bǎ hòubèixiāng dǎkāi yíxià.
쓸우, 빠 허우뻬이씨앙 따카이 이씨아.

기사님, 트렁크 좀 열어주세요.

32
导航*

dǎoháng
따오하앙

명 내비게이션

你的手机有导航功能吗?
Nǐ de shǒujī yǒu dǎoháng gōngnéng ma?
니 떠 쎠우찌 여우 따오하앙 꼬옹느엉 마?

당신 휴대폰에 내비게이션 기능이 있어요?

라이브 스몰톡

빈칸의 한국어를 중국어로 바꾸면서 직접 말해보세요.

MP3 바로듣기

나

我们 ①다음 역 就要 ②환승하다 了吧?
Wǒmen ①______ jiù yào ②______ le ba?
우리 다음 역에서 환승해야 하죠?

동료

对，我们要坐地铁1号线。
Duì, wǒmen yào zuò dìtiě yī hàoxiàn.
맞아요. 우리는 지하철 1호선을 타야 해요.

나

幸好没 ③반대 방향으로 타다，我一直在担心。
Xìnghǎo méi ③______, wǒ yìzhí zài dānxīn.
다행히 반대 방향으로 타지 않았네요. 계속 걱정했어요.

동료

不用担心，跟着指示牌走就可以。
Búyòng dānxīn, gēnzhe zhǐshìpái zǒu jiù kěyǐ.
걱정할 필요 없어요. 표지판을 따라가면 돼요.

정답 | ① 下一站(xià yí zhàn) ② 换乘(huànchéng) ③ 坐反(zuòfǎn)

단어 | 幸好 xìnghǎo 부 다행히 担心 dānxīn 동 걱정하다 指示牌 zhǐshìpái 명 표지판

28 일차

장소

MP3 바로듣기

숨은그림찾기 오늘 배울 단어 5개를 찾아보세요.

学校	医院	地铁站	公交车站	停车场
학교	병원	지하철역	버스 정류장	주차장

정답확인

01
超市
chāoshì
챠오쓸

명 마트, 슈퍼마켓

我每天都去超市买菜。
Wǒ měitiān dōu qù chāoshì mǎi cài.
워 메이티엔 떠우 취 챠오쓸 마이 차이.

저는 매일 마트에 가서 장을 봐요.

02
便利店 *
biànlìdiàn
삐엔리띠엔

명 편의점

便利店在公园正门的对面。
Biànlìdiàn zài gōngyuán zhèngmén de duìmiàn.
삐엔리띠엔 짜이 꼬옹위엔 쯔엉므언 더 뚜에이미엔.

편의점은 공원 정문 맞은편에 있어요.

03
商场 *
shāngchǎng
쌰앙챠앙

명 쇼핑몰, 상가

TIP
대형 복합 쇼핑센터는 **购物中心**(gòuwù zhōngxīn)이라고 부르기도 해요.

我们小区附近马上要新开一个商场。
Wǒmen xiǎoqū fùjìn mǎshàng yào xīn kāi yí ge shāngchǎng.
워므언 씨아오취 푸찌인 마쌰앙 야오 씨인 카이 이 끄어 쌰앙챠앙.

우리 단지 근처에 곧 쇼핑몰이 새로 생긴대요.

04
百货商店
bǎihuò shāngdiàn
빠이후어 쌰앙띠엔

명 백화점

百货商店今天休息。
Bǎihuò shāngdiàn jīntiān xiūxi.
빠이후어 쌰앙띠엔 찌인티엔 씨어우시.

백화점이 오늘 휴무예요.

05
公园 *
gōngyuán
꼬옹위엔

명 공원

星期六我们带孩子去公园吧。
Xīngqīliù wǒmen dài háizi qù gōngyuán ba.
씨잉치리어우 워므언 따이 하이쯔 취 꼬옹위엔 빠.

토요일에 우리 아이를 데리고 공원에 가요.

06
餐厅 *
cāntīng
차안티잉

명 식당, 레스토랑

我们去过的那家中餐厅什么时候开门?
Wǒmen qùguo de nà jiā zhōng cāntīng shénme shíhou kāimén?
워므언 취꿔 떠 나 찌아 쪼옹 차안티잉 쓰언므어 쓸허우 카이므언?

우리가 갔었던 중식당은 언제 오픈해요?

07
酒店 *
jiǔdiàn
찌어우띠엔

명 호텔

这家酒店的早餐一定要吃。
Zhè jiā jiǔdiàn de zǎocān yídìng yào chī.
쯔어 찌아 찌어우띠엔 떠 짜오차안 이띠잉 야오 츨.

이 호텔의 조식은 꼭 먹어야 해요.

08
面包店
miànbāodiàn
미엔빠오띠엔

명 빵집

我在面包店订了生日蛋糕。
Wǒ zài miànbāodiàn dìngle shēngrì dàngāo.
워 짜이 미엔빠오띠엔 띠잉러 쓰엉르 따안까오.

저는 빵집에서 생일 케이크를 주문했어요.

09
市场*
shìchǎng
쓸챠앙

명 시장

这个市场的海鲜很新鲜。
Zhège shìchǎng de hǎixiān hěn xīnxiān.
쯔어끄어 쓸챠앙 떠 하이씨엔 흐언 씨인씨엔.

이 시장의 해산물이 아주 신선해요.

10
银行*
yínháng
인하앙

명 은행

银行几点到几点营业?
Yínháng jǐ diǎn dào jǐ diǎn yíngyè?
인하앙 찌 띠엔 따오 찌 띠엔 잉예?

은행은 몇 시부터 몇 시까지 영업해요?

11
邮局*
yóujú
여우쮜

명 우체국

我要去邮局寄包裹。
Wǒ yào qù yóujú jì bāoguǒ.
워 야오 취 여우쮜 찌 빠오꾸어.

저는 우체국에 가서 소포를 부칠 거예요.

12
派出所*
pàichūsuǒ
파이츄쑤어

명 파출소

有问题可以去派出所求助。
Yǒu wèntí kěyǐ qù pàichūsuǒ qiúzhù.
여우 원티 크어이 취 파이츄쑤어 치어우쮸.

문제가 있으면 파출소에 가서 도움을 요청할 수 있어요.

13
学校*

xuéxiào
쒸에씨아오

명 학교

我上过的学校离这里很近。
Wǒ shàngguo de xuéxiào lí zhèli hěn jìn.
워 쌰앙꿔 떠 쒸에씨아오 리 쯔어리 흐언 찌인.

제가 다녔던 학교는 여기에서 매우 가까워요.

14
幼儿园*

yòu'éryuán
여우으얼위엔

명 유치원, 어린이집

幼儿园每天下午四点放学。
Yòu'éryuán měitiān xiàwǔ sì diǎn fàngxué.
여우으얼위엔 메이티엔 씨아우 쓰 띠엔 ⓕ아앙쒸에.

유치원이 매일 오후 4시에 하교해요.

15
医院*

yīyuàn
이위엔

명 병원

TIP
대학병원 급의 큰 종합병원은 三甲医院(sānjiǎ yīyuàn)이라고 해요.

医院里等候的人很多。
Yīyuàn li děnghòu de rén hěn duō.
이위엔 리 뜨엉허우 떠 르언 흐언 뚜어.

병원 안에 대기하는 사람이 아주 많아요.

16
药店*

yàodiàn
야오띠엔

명 약국

这家药店24小时营业。
Zhè jiā yàodiàn èrshísì xiǎoshí yíngyè.
쯔어 찌아 야오띠엔 으얼쓸쓰 씨아오쓸 잉예.

이 약국은 24시간 영업해요.

17
地铁站
dìtiězhàn
띠티에쨔안

명 지하철역

这个地铁站很大，很容易迷路。
Zhège dìtiězhàn hěn dà, hěn róngyì mílù.
쯔어끄어 띠티에쨔안 흐언 따, 흐언 르옹이 미루.

이 지하철역이 아주 넓어서, 길을 잃기 쉬워요.

18
公交车站
gōngjiāochēzhàn
꼬옹찌아오츠어쨔안

명 버스 정류장

我每天都在这个公交车站坐车。
Wǒ měitiān dōu zài zhège gōngjiāochēzhàn zuò chē.
워 메이티엔 떠우 짜이 쯔어끄어 꼬옹찌아오츠어쨔안 쭈어 츠어.

저는 매일 이 버스 정류장에서 버스를 타요.

19
火车站
huǒchēzhàn
후어츠어쨔안

명 기차역

从这里到火车站要几分钟？
Cóng zhèli dào huǒchēzhàn yào jǐ fēnzhōng?
초옹 쯔어리 따오 후어츠어쨔안 야오 찌 f언쪼옹?

여기서 기차역까지 몇 분이 걸려요?

20
停车场*
tíngchēchǎng
티잉츠어챠앙

명 주차장

这个停车场收费吗？
Zhège tíngchēchǎng shōufèi ma?
쯔어끄어 티잉츠어챠앙 써우f에이 마?

이 주차장은 요금을 받아요?

21
动物园*
dòngwùyuán
또옹우위엔

명 동물원

我小时候经常去动物园。
Wǒ xiǎoshíhou jīngcháng qù dòngwùyuán.
워 씨아오쓰허우 찌잉챵앙 취 또옹우위엔.

저는 어릴 때 동물원에 자주 갔어요.

22
水族馆
shuǐzúguǎn
쓔에이쭈꾸안

명 수족관, 아쿠아리움

我昨天在水族馆拍了很多照片。
Wǒ zuótiān zài shuǐzúguǎn pāile hěn duō zhàopiàn.
워 쭈어티엔 짜이 쓔에이쭈꾸안 파이러 흐언 뚜어 쨔오피엔.

저는 어제 수족관에서 사진을 많이 찍었어요.

23
游乐园
yóulèyuán
여우르어위엔

명 놀이공원

我买了游乐园的年卡。
Wǒ mǎile yóulèyuán de niánkǎ.
워 마이러 여우르어위엔 떠 니엔카.

저는 놀이공원 연간 이용권을 샀어요.

TIP
디즈니랜드처럼 규모가 큰 테마파크는 **主题公园**(zhǔtí gōngyuán)이라고도 해요.

24
游泳池
yóuyǒngchí
여우용츠

명 수영장

这里的游泳池要办会员卡才能使用。
Zhèli de yóuyǒngchí yào bàn huìyuánkǎ cái néng shǐyòng.
쯔어리 떠 여우용츠 야오 빠안 후에이위엔카 차이 느엉 쓰용.

여기 수영장은 회원 카드를 만들어야 이용할 수 있어요.

25
加油站*
jiāyóuzhàn
찌아여우짜안

명 주유소

我的车没油了，要去加油站。
Wǒ de chē méi yóu le, yào qù jiāyóuzhàn.
워 떠 츠어 메이 여우 러, 야오 취 찌아여우짜안.

제 차에 기름이 없어서, 주유소에 가야 해요.

26
洗衣店
xǐyīdiàn
씨이띠엔

명 세탁소

TIP
코인 세탁방은 **自助洗衣店**(zìzhù xǐyīdiàn)이라고 해요.

我们家楼下有几家洗衣店。
Wǒmen jiā lóu xià yǒu jǐ jiā xǐyīdiàn.
워므언 찌아 러우 씨아 여우 찌 찌아 씨이띠엔.

우리 집 아래에 세탁소가 몇 군데 있어요.

27
图书馆*
túshūguǎn
투쓔꾸안

명 도서관

TIP
서점은 **书店**(shūdiàn)이라고 해요.

我打算去图书馆借书。
Wǒ dǎsuan qù túshūguǎn jiè shū.
워 따쑤안 취 투쓔꾸안 찌에 쓔.

저는 도서관에 책을 빌리러 갈 계획이에요.

28
机场*
jīchǎng
찌챠앙

명 공항

我提前三小时到机场了。
Wǒ tíqián sān xiǎoshí dào jīchǎng le.
워 티치엔 싸안 씨아오쓸 따오 찌챠앙 러.

저는 3시간 전에 공항에 도착했어요.

29
小区 *
xiǎoqū
씨아오취

명 단지, 동네

我们小区周围环境很好，住起来很舒服。
Wǒmen xiǎoqū zhōuwéi huánjìng hěn hǎo, zhù qǐlai hěn shūfu.
워먼 씨아오취 쩌우웨이 후안찌잉 흐언 하오, 쮸 치라이 흐언 쓔우.

우리 단지는 주위 환경이 좋아서, 살기 정말 편해요.

30
邻居 *
línjū
리인쮜

명 이웃

邻居帮我收了快递。
Línjū bāng wǒ shōule kuàidì.
리인쮜 빠앙 워 쎠우러 쿠아이띠.

이웃이 저 대신 택배를 받아줬어요.

31
大使馆
dàshǐguǎn
따쓰꾸안

명 대사관

去大使馆需要预约吗？
Qù dàshǐguǎn xūyào yùyuē ma?
취 따쓰꾸안 쒸야오 위위에 마?

대사관에 가려면 예약이 필요해요?

32
领事馆 *
lǐngshìguǎn
리잉쓰꾸안

명 영사관

领事馆周末不办公。
Lǐngshìguǎn zhōumò bú bàngōng.
리잉쓰꾸안 쪄우모어 뿌 빠안꼬옹.

영사관은 주말에 업무를 보지 않아요.

라이브 스몰톡

빈칸의 한국어를 중국어로 바꾸면서 직접 말해보세요.

MP3 바로듣기

[여행지에서]

남자 친구

下午我们去哪儿玩呢？
Xiàwǔ wǒmen qù nǎr wán ne?
오후에 우리 어디 가서 놀까?

나

天气这么好，去 ①동물원 怎么样？
Tiānqì zhème hǎo, qù ① zěnmeyàng?
날씨가 이렇게 좋은데, 동물원에 가는 게 어때?

남자 친구

那儿太远了，不如去水族馆吧。
Nàr tài yuǎn le, bùrú qù shuǐzúguǎn ba.
거기는 너무 멀어서, 수족관에 가는 거 낫겠어.

나

好啊！晚餐就去 ②호텔 附近的西 ③레스토랑 吃吧。
Hǎo a! Wǎncān jiù qù ② fùjìn de xī ③ chī ba.
좋아! 저녁은 호텔 근처 서양식 레스토랑에서 가서 먹자.

정답 | ① 动物园(dòngwùyuán) ② 酒店(jiǔdiàn) ③ 餐厅(cāntīng)

단어 | 玩 wán 동 놀다 这么 zhème 대 이렇게 不如 bùrú 동 ~하는 게 낫다

29 일차

MP3 바로듣기

연예·방송

숨은그림찾기 오늘 배울 단어 5개를 찾아보세요.

歌手	演唱会	专辑	播放	座位
가수	콘서트, 음악회	앨범	방송하다	자리, 좌석

정답확인

01
明星 *
míngxīng
미잉씨잉

명 연예인, 스타

她从小就梦想成为**明星**。
Tā cóngxiǎo jiù mèngxiǎng chéngwéi míngxīng.
타 초옹씨아오 찌어우 므엉씨앙 츠엉웨이 미잉씨잉.

그녀는 어릴 때부터 **연예인**이 되는 것을 꿈꿨어요.

02
偶像
ǒuxiàng
어우씨앙

명 아이돌

TIP
아이돌을 요즘엔 爱豆(àidòu) 라고도 해요. 영어 idol의 발음을 옮긴 신조어예요.

偶像的一举一动都受到关注。
Ǒuxiàng de yìjǔyídòng dōu shòudào guānzhù.
어우씨앙 뜨어 이쮜이또옹 떠우 셔우따오 꾸안쮸.

아이돌의 일거수일투족은 모두 관심을 받아요.

03
歌手 *
gēshǒu
끄어셔우

명 가수

我想去听那个**歌手**的现场演唱。
Wǒ xiǎng qù tīng nàge gēshǒu de xiànchǎng yǎnchàng.
워 씨앙 취 티잉 나끄어 끄어셔우 뜨어 씨엔챠앙 옌챠앙.

저는 그 **가수**의 라이브 공연을 들으러 가고 싶어요.

04
演员 *
yǎnyuán
옌위엔

명 배우, 연기자

这个**演员**获得了最佳男主角奖。
Zhège yǎnyuán huòdéle zuìjiā nánzhǔjué jiǎng.
쯔어끄어 옌위엔 후어뜨어러 쭈에이찌아 나안쮸쮜에 찌앙.

이 **배우**는 남우주연상을 받았어요.

05
出道
chūdào
츄따오

동 데뷔하다

他出道十年了还是很受欢迎。
Tā chūdào shí nián le háishi hěn shòu huānyíng.
타 츄따오 쓸 니엔 러 하이쓸 흐언 쎠우 후안잉.

그는 데뷔한 지 10년이 됐는데도 여전히 인기가 많아요.

06
回归 *
huíguī
후에이꾸에이

동 컴백하다, 돌아오다

这个组合终于要回归了。
Zhège zǔhé zhōngyú yào huíguī le.
쯔어끄어 쭈흐어 쫑위 야오 후에이꾸에이 러.

이 그룹이 드디어 컴백할 거예요.

07
活动 *
huódòng
후어또옹

명 행사, 활동

我喜欢的明星今天要参加宣传活动。
Wǒ xǐhuan de míngxīng jīntiān yào cānjiā xuānchuán huódòng.
워 씨후안 떠 미잉씨잉 찌인티엔 야오 차안찌아 쒸엔츄안 후어또옹.

제가 좋아하는 연예인이 오늘 홍보 행사에 참가해요.

08
粉丝 *
fěnsī
ⓕ언쓰

TIP
최애(최고로 애정하는 멤버)는 本命(běnmìng)이라고 해요.

명 팬, 팔로워

粉丝们已经在机场等偶像出来。
Fěnsīmen yǐjīng zài jīchǎng děng ǒuxiàng chūlai.
ⓕ언쓰므언 이찌잉 짜이 찌챠앙 뜨엉 어우씨앙 츄라이.

팬들은 이미 공항에서 아이돌이 나오기를 기다리고 있어요.

09
节目 *
jiémù
찌에무

명 프로그램

今晚有什么值得看的电视节目?
Jīnwǎn yǒu shénme zhídé kàn de diànshì jiémù?
찌인완 여우 쓰언므어 쯔뜨어 카안 뜨 띠엔쓸 찌에무?

오늘 저녁에 볼만한 TV 프로그램이 있어요?

10
综艺 *
zōngyì
쪼옹이

명 예능, 버라이어티

这个综艺节目很搞笑。
Zhège zōngyì jiémù hěn gǎoxiào.
쯔어끄어 쪼옹이 찌에무 흐언 까오씨아오.

이 예능 프로그램은 매우 재미있어요.

11
表演 *
biǎoyǎn
삐아오옌

동 공연하다

我看过这位歌手的表演, 真的很难忘。
Wǒ kànguo zhè wèi gēshǒu de biǎoyǎn, zhēn de hěn nánwàng.
워 카안꿔 쯔어 웨이 끄어셔우 뜨 삐아오옌, 쯔언 뜨 흐언 나안왕.

저는 이 가수의 공연을 본 적 있는데, 정말 잊을 수가 없어요.

12
演唱会
yǎnchànghuì
옌챵앙후에이

명 콘서트, 음악회

TIP
티켓팅은 抢票(qiǎng piào)라고 해요.

我买到了偶像演唱会的票。
Wǒ mǎidàole ǒuxiàng yǎnchànghuì de piào.
워 마이따오러 어우씨앙 옌챵앙후에이 뜨 피아오.

저는 아이돌 콘서트 티켓을 그했어요.

13
歌曲 *
gēqǔ
끄어취

명 노래, 곡

这首**歌曲**让我想起童年。
Zhè shǒu gēqǔ ràng wǒ xiǎngqi tóngnián.
쯔어 쎠우 끄어취 라앙 워 씨앙치 토옹니엔.

이 **노래**는 제 어린 시절을 생각나게 해요.

14
舞蹈 *
wǔdǎo
우따오

명 춤, 댄스 동 춤추다

他们歌曲的**舞蹈**动作都很难。
Tāmen gēqǔ de wǔdǎo dòngzuò dōu hěn nán.
타므언 끄어취 뜨어 우따오 또옹쭈어 떠우 흐언 나안.

그들 노래의 **춤** 동작은 모두 매우 어려워요.

15
专辑 *
zhuānjí
쮸안찌

명 앨범

她的新**专辑**下个月发行。
Tā de xīn zhuānjí xià ge yuè fāxíng.
타 뜨어 씨인 쮸안찌 씨아 끄어 위에 ⓕㅏ씨잉.

그녀의 새 **앨범**은 다음 달에 발매돼요.

16
播放 *
bōfàng
뽀어ⓕㅏ앙

동 방송하다, (방송·음악을) 틀다

TIP
조회수는 播放量(bōfàngliàng)이라고 해요.

电视正在**播放**新闻节目。
Diànshì zhèngzài bōfàng xīnwén jiémù.
띠엔쓸 쯔엉짜이 뽀어ⓕㅏ앙 씨인원 찌에무.

TV에서 뉴스 프로그램을 **방송하고** 있어요.

17
上映*
shàngyìng
쌰앙잉

동 개봉하다, 상영하다

今年上映了很多中国电影。
Jīnnián shàngyìngle hěn duō Zhōngguó diànyǐng.
찌인니엔 쌰앙잉러 흐언 뚜어 쭁옹꾸어 띠엔잉.

올해 중국 영화가 많이 개봉했어요.

18
主角*
zhǔjué
쮸쮜에

명 주인공, 주연 배우

这部电视剧的男主角最近很受欢迎。
Zhè bù diànshìjù de nán zhǔjué zuìjìn hěn shòu huānyíng.
쯔어 뿌 띠엔쓸쮜 떠 나안 쮸쮜에 쭈어이찌인 흐언 쎠우 후안잉.

이 드라마의 남자 주인공은 요즘 매우 인기 있어요.

19
男二
nán èr
나안 으얼

명 서브 남자 주인공

TIP
서브 여자 주인공은 女二(nǚ èr)이라고 해요.

男二的戏份也不少。
Nán èr de xìfèn yě bù shǎo.
나안 으얼 떠 씨으언 예 뿌 쌰오.

서브 남자 주인공의 분량도 적지 않아요.

20
观众*
guānzhòng
꾸안쭁옹

명 관객, 관중

表演一开始，观众都叫起来了。
Biǎoyǎn yì kāishǐ, guānzhòng dōu jiào qǐlai le.
삐아오옌 이 카이쓸, 꾸안쭁옹 떠우 쨔아오 치라이 러.

무대가 시작되자, 관객들이 도두 소리 지르기 시작했어요.

21
有名*
yǒumíng
여우미잉

형 유명하다

她因为演技好而**有名**。
Tā yīnwèi yǎnjì hǎo ér yǒumíng.
타 인웨이 옌찌 하오 으얼 여우미잉.

그녀는 연기를 잘해서 **유명해요**.

22
受欢迎
shòu huānyíng
써우 후안잉

인기 있다, 환영을 받다

这位歌手在年轻人中很**受欢迎**。
Zhè wèi gēshǒu zài niánqīngrén zhōng hěn shòu huānyíng.
쯔어 웨이 끄어써우 짜이 니엔칭런 쫑 흐언 써우 후안잉.

이 가수는 젊은 사람들 사이에서 매우 **인기 있어요**.

23
流行*
liúxíng
리어우씨잉

동 유행하다

这首歌特别**流行**，连小孩子都会唱。
Zhè shǒu gē tèbié liúxíng, lián xiǎoháizi dōu huì chàng.
쯔어 써우 끄어 트어삐에 리어우씨잉, 리엔 씨아오하이즈 떠우 후에이 챵.

이 노래는 너무 **유행해서**, 어린 아이도 부를 줄 알아요.

24
排行榜*
páihángbǎng
파이하앙빠앙

명 차트, 랭킹, 순위표

TIP
실시간 인기 검색어는 热搜(rèsōu)라고 해요.

他的新专辑进了人气**排行榜**。
Tā de xīn zhuānjí jìnle rénqì páihángbǎng.
타 떠 씨인 쭈안찌 찌인러 르언치 파이하앙빠앙.

그의 새 앨범이 인기 **차트**에 올랐어요.

25
广告*
guǎnggào
꾸앙까오

명 광고

最近电视剧会植入很多广告。
Zuìjìn diànshìjù huì zhírù hěn duō guǎnggào.
쭈에이찌인 띠엔쓸쮜 후에이 쯜루 흐언 뚜어 꾸앙까오.

요즘 드라마에는 광고가 많이 삽입돼요.

26
代言*
dàiyán
따이옌

동 광고 모델을 하다, 홍보하다

他是这个手机的官方代言人。
Tā shì zhège shǒujī de guānfāng dàiyánrén.
타 쓸 쯔어끄어 셔우찌 떠 꾸안f아앙 따이옌르언.

그는 이 휴대폰의 공식 광고 모델이에요.

27
舞台*
wǔtái
우타이

명 무대

她在舞台上表演得很投入。
Tā zài wǔtái shang biǎoyǎn de hěn tóurù.
타 짜이 우타이 쌰앙 삐아오옌 떠 흐언 터우루.

그녀는 무대에서 매우 몰입해서 공연해요.

TIP
컴백 무대는 回归舞台(huíguī wǔtái)라고 해요.

28
座位*
zuòwèi
쭈어웨이

명 자리, 좌석

这个座位有人坐吗?
Zhège zuòwèi yǒu rén zuò ma?
쯔어끄어 쭈어웨이 여우 르언 쭈어 마?

여기 자리 있나요? (이 자리에 앉는 사람 있나요?)

29
媒体 *
méitǐ
메이티

명 언론 매체, 미디어

他接受了媒体采访。
Tā jiēshòule méitǐ cǎifǎng.
타 찌에셔우러 메이티 차이ⓕ앙.

그는 언론 매체의 인터뷰에 응했어요.

30
收视率 *
shōushìlǜ
셔우쓸뤼

명 시청률

听说现在电视收视率没什么意义。
Tīngshuō xiànzài diànshì shōushìlǜ méi shénme yìyì.
티잉쓔어 씨엔짜이 띠엔쓸 셔우쓸뤼 메이 쓰언므어 이이.

요즘 TV 시청률은 별로 의미가 없다고 들었어요.

31
舆论 *
yúlùn
위루언

명 여론

他不在乎外界舆论。
Tā bú zàihu wàijiè yúlùn.
타 뿌 짜이후 와이찌에 위루언.

그는 외부 여론을 신경쓰지 않아요.

32
丑闻 *
chǒuwén
쵸우원

명 스캔들, 추문, 나쁜 평판

媒体曝光了一个当红明星的丑闻。
Méitǐ bàoguāngle yí ge dānghóng míngxīng de chǒuwén.
메이티 빠오꾸앙러 이 끄어 따앙호옹 미잉씨잉 뜨어 쵸우원.

언론 매체가 한 인기 스타의 스캔들을 폭로했어요.

라이브 스몰톡

빈칸의 한국어를 중국어로 바꾸면서 직접 말해보세요.

MP3 바로듣기

나

听说昨天你喜欢的 ①아이돌 开 ②콘서트 了，你去了吗？
Tīngshuō zuótiān nǐ xǐhuan de ① ____ kāi ② ____ le, nǐ qùle ma?
듣자 하니 어제 네가 좋아하는 아이돌이 콘서트를 열었다던데, 너 갔어?

친구

当然去了！现场座位都满了，粉丝太多了。
Dāngrán qù le! Xiànchǎng zuòwèi dōu mǎn le, fěnsī tài duō le.
당연히 갔지! 현장 좌석이 꽉 찼고, 팬들이 너무 많았어.

나

是吗？他们现在真的很 ③인기가 있다。
Shì ma? Tāmen xiànzài zhēn de hěn ③ ____.
그래? 그들은 요즘 진짜 인기가 많네.

친구

对啊，他们下个月就要出新专辑了。
Duì a, tāmen xià ge yuè jiùyào chū xīn zhuānjí le.
맞아, 그들은 다음 달에 곧 새 앨범이 나와.

정답 | ① 偶像(ǒuxiàng) ② 演唱会(yǎnchànghuì) ③ 受欢迎(shòu huānyíng)

단어 | 听说 tīngshuō 동 듣자 하니 现场 xiànchǎng 명 현장 满 mǎn 동 가득 차다

MP3 바로듣기

30 일차
사회·문화

숨은그림찾기
오늘 배울 단어 5개를 찾아보세요.

世界	法律	红包	月饼	旗袍
세계	법률	세뱃돈, 상여금	월병	치파오

정답확인

01
社会*
shèhuì
쓰어후에이

명 사회

我们应该一起努力，让社会得到发展。
Wǒmen yīnggāi yìqǐ nǔlì, ràng shèhuì dédào fāzhǎn.
워먼 잉까이 이치 누리, 라앙 쓰어후에이 뜨어따오 f아짜안.

우리는 함께 노력해서, 사회가 발전되도록 해야 해요.

02
国家*
guójiā
꾸어찌아

명 나라, 국가

每个国家都有自己的文化。
Měi ge guójiā dōu yǒu zìjǐ de wénhuà.
메이 끄어 꾸어찌아 떠우 여우 쯔찌 뜨어 원후아.

모든 나라는 자신만의 문화가 있어요.

03
国际*
guójì
꾸어찌

명 국제

我对国际文化很感兴趣。
Wǒ duì guójì wénhuà hěn gǎn xìngqù.
워 뚜에이 꾸어찌 원후아 흐언 가안 시잉취.

저는 국제 문화에 관심이 많아요.

04
世界*
shìjiè
쓸찌에

명 세계

这是世界著名的建筑。
Zhè shì shìjiè zhùmíng de jiànzhù.
쯔어 쓸 쓸찌에 쮸미잉 뜨어 찌엔쮸.

이것은 세계적으로 유명한 건축물이에요.

05
政府*
zhèngfǔ
쯔엉푸

명 정부

政府需要积极解决这件事。
Zhèngfǔ xūyào jījí jiějué zhè jiàn shì.
쯔엉푸 쒸야오 찌찌 찌에쮜에 쯔어 찌엔 쓸.

이 일은 정부가 적극적으로 해결해야 해요.

06
政策*
zhèngcè
쯔엉츠어

명 정책

政府出台了新的教育政策。
Zhèngfǔ chūtáile xīn de jiàoyù zhèngcè.
쯔엉푸 츄타이러 씨인 떠 찌아오위 쯔엉츠어.

정부는 새로운 교육 정책을 내놓았어요.

07
新闻*
xīnwén
씨인원

명 뉴스

新闻上一整天都在报道这件事。
Xīnwén shang yì zhěngtiān dōu zài bàodào zhè jiàn shì.
씨인원 샤앙 이 쯔엉티엔 떠우 짜이 빠오따오 쯔어 찌엔 쓸.

뉴스에서 하루종일 이 일을 보도하고 있어요.

08
事件*
shìjiàn
쓸찌엔

명 사건

警察正在调查这起事件。
Jǐngchá zhèngzài diàochá zhè qǐ shìjiàn.
찌잉챠 쯔엉짜이 띠아오챠 쯔어 치 쓸찌엔.

경찰이 이 사건을 조사하고 있어요.

09
问题*
wèntí
원티

명 문제

环境污染是严重的社会问题。
Huánjìng wūrǎn shì yánzhòng de shèhuì wèntí.
후안찌잉 우란안 쓸 옌쫑옹 떠 쓰어흐에이 원티.

환경 오염은 심각한 사회 문제예요.

10
现代*
xiàndài
씨엔따이

명 현대

压力管理是现代人关注的主要问题之一。
Yālì guǎnlǐ shì xiàndàirén guānzhù de zhǔyào wèntí zhī yī.
야리 꾸안리 쓸 씨엔따이르언 꾸안쮸 떠 쮸야오 원티 쯸 이.

스트레스 관리는 현대인들이 관심 갖는 주요 문제 중 하나예요.

11
变化*
biànhuà
삐엔후아

동 변화하다

近几年这个城市有很大的变化。
Jìn jǐ nián zhège chéngshì yǒu hěn dà de biànhuà.
찌인 찌 니엔 쯔어끄어 츠엉쓸 여우 흐언 따 떠 삐엔후아.

최근 몇 년간 이 도시에 아주 큰 변화가 있었어요.

12
发展*
fāzhǎn
ⓕ아쨔안

동 발전하다

现代社会发展得很快。
Xiàndài shèhuì fāzhǎn de hěn kuài.
씨엔따이 쓰어후에이 ⓕ아쨔안 떠 흐언 쿠아이.

현대 사회는 아주 빠르게 발전해요.

13
经济*

jīngjì
찌잉찌

명 경제

这个城市的**经济**很发达。
Zhège chéngshì de jīngjì hěn fādá.
쯔어끄어 츠엉쓸 떠 찌잉찌 흐언 ⓕ아따.

이 도시의 **경제**는 매우 발달했어요.

14
物价*

wùjià
우찌아

명 물가

最近**物价**上涨了不少。
Zuìjìn wùjià shàngzhǎngle bù shǎo.
쭈에이찌인 우찌아 쌰앙쨔앙러 뿌 쌰오.

최근에 **물가**가 적지 않게 올랐어요.

15
消费*

xiāofèi
씨아오ⓕ에이

동 소비하다

大家的**消费**水平明显提高了。
Dàjiā de xiāofèi shuǐpíng míngxiǎn tígāo le.
따찌아 떠 씨아오ⓕ에이 쓔에이피잉 미잉씨엔 티까오 러.

사람들의 **소비** 수준이 눈에 띄게 향상되었어요.

16
法律*

fǎlǜ
ⓕ아뤼

명 법률

任何人都必须遵守当地的**法律**。
Rènhé rén dōu bìxū zūnshǒu dāngdì de fǎlǜ.
르언흐어 르언 떠우 삐쒸 쭈언써우 따앙띠 떠 ⓕ아뤼.

누구든지 현지의 **법률**을 반드시 지켜야 해요.

17
宗教*
zōngjiào
쪼옹찌아오

명 종교

宗教给人们带来希望。
Zōngjiào gěi rénmen dàilai xīwàng.
쪼옹찌아오 께이 르언므언 따이라이 씨왕.

종교는 사람들에게 희망을 가져다 줘요.

18
影响*
yǐngxiǎng
잉씨앙

동 영향을 주다

这些广告容易影响消费者的判断。
Zhèxiē guǎnggào róngyì yǐngxiǎng xiāofèizhě de pànduàn.
쯔어씨에 꾸앙까오 로옹이 잉씨앙 씨아오f에이쯔어 떠 파안뚜안.

이런 광고들은 소비자의 판단에 영향을 주기 쉬워요.

19
文化*
wénhuà
원후아

명 문화

我想多了解一下当地文化。
Wǒ xiǎng duō liǎojiě yíxià dāngdì wénhuà.
워 씨앙 뚜어 리아오찌에 이씨아 따앙띠 원후아.

저는 현지 문화를 더 알고 싶어요.

20
潮流*
cháoliú
챠오리어우

명 트렌드, (사회적) 추세

网络文化成为了新的潮流。
Wǎngluò wénhuà chéngwéile xīn de cháoliú.
왕루어 원후아 츠엉웨이르어 씨인 떠 챠오리어우.

인터넷 문화는 새로운 트렌드가 됐어요.

21
春节
Chūnjié
츄언찌에

고유 춘절[음력 1월 1일]

TIP
춘절은 중국의 최대 명절로 긴 연휴를 즐길 수 있어요. 이렇게 긴 연휴, 즉 황금 연휴를 **黄金周**(huángjīnzhōu)라고 해요.

春节的时候大家都会回家。
Chūnjié de shíhou dàjiā dōu huì huíjiā.
츄언찌에 떠 쓸허우 따찌아 떠우 후에이 후에이찌아.

춘절에는 모두 집으로 돌아가요.

22
中秋节
Zhōngqiūjié
쫑옹치어우찌에

고유 중추절[음력 8월 15일]

中秋节的晚上月亮又大又圆。
Zhōngqiūjié de wǎnshang yuèliang yòu dà yòu yuán.
쫑옹치어우찌에 떠 완쌰앙 위에리앙 여우 따 여우 위엔.

중추절 밤에는 달이 크고 둥글어요.

23
国庆节
Guóqìngjié
꾸어치잉찌에

고유 국경절[10월 1일]

中国的国庆节是十月一号。
Zhōngguó de Guóqìngjié shì shí yuè yī hào.
쫑옹꾸어 떠 꾸어치잉찌에 쓸 쓸 위에 이 하오.

중국의 국경절은 10월 1일이에요.

24
节日 *
jiérì
찌에르

명 명절

春节是中国最重要的节日。
Chūnjié shì Zhōngguó zuì zhòngyào de jiérì.
츄언찌에 쓸 쫑옹꾸어 쭈에이 쫑옹야오 떠 찌에르.

춘절은 중국에서 가장 중요한 명절이에요.

25
红包*
hóngbāo
호옹빠오

명 세뱃돈, 상여금, 돈을 넣은 빨간 봉투

春节你收了很多**红包**吗?
Chūnjié nǐ shōule hěn duō hóngbāo ma?
츄언찌에 니 쎠우러 흐언 뚜어 호옹빠오 마?

춘절에 **세뱃돈** 많이 받았어요?

TIP
온라인 세뱃돈은 **电子红包**(diànzǐ hóngbāo) 또는 간단하게 e**红包**라고 해요. 위챗페이나 알리페이로 주고받는 게 일반적이에요.

26
月饼*
yuèbǐng
위에삐잉

명 월병

中秋节中国人一般都会吃**月饼**。
Zhōngqiūjié Zhōngguórén yìbān dōu huì chī yuèbǐng.
쪼옹치어우찌에 쪼옹꾸어르언 이빠안 떠우 후에이 츠 위에삐잉.

중추절에 중국인들은 보통 **월병**을 먹어요.

27
长城
Chángchéng
챠앙츠엉

고유 만리장성

长城是中国很有名的景点。
Chángchéng shì Zhōngguó hěn yǒumíng de jǐngdiǎn.
챠앙츠엉 쓰 쪼옹꾸어 흐언 여우미잉 떠 찌잉띠엔.

만리장성은 중국에서 유명한 관광지예요.

28
故宫
Gùgōng
꾸꼬옹

고유 자금성

故宫有着悠久的历史和独特的建筑风格。
Gùgōng yǒuzhe yōujiǔ de lìshǐ hé dútè de jiànzhù fēnggé.
꾸꼬옹 여우쪄 여우찌어우 떠 리쓰 흐어 뚜트어 떠 찌엔쮸 f엉끄어.

자금성은 유구한 역사와 독특한 건축 스타일을 가지고 있어요.

29
点心 *

diǎnxin
띠엔씨인

명 간식, 과자

TIP
광둥 지역에서 **点心**은 '딤섬'이라는 뜻으로 쓰여요.

我想带一些传统**点心**回去。
Wǒ xiǎng dài yìxiē chuántǒng diǎnxin huíqu.
워 씨앙 따이 이씨에 츄안토옹 띠엔씨인 후에이취.

저는 전통 **간식**을 좀 가져가고 싶어요.

30
茶艺

cháyì
챠이

명 다도, 차 예술

我想体验一下中国**茶艺**。
Wǒ xiǎng tǐyàn yíxià Zhōngguó cháyì.
워 씨앙 티옌 이씨아 쪼옹꾸어 챠이.

저는 중국의 **다도**를 한번 경험해보고 싶어요.

31
旗袍 *

qípáo
치파오

명 치파오

旗袍是中国传统服装。
Qípáo shì Zhōngguó chuántǒng fúzhuāng.
치파오 쓸 쪼옹꾸어 츄안토옹 ⓕ쭈앙.

치파오는 중국의 전통 의상이에요.

32
国潮

guócháo
꾸어챠오

명 중국풍 트렌드, 중국 스타일 유행

国潮产品现在在全国范围内很流行。
Guócháo chǎnpǐn xiànzài zài quánguó fànwéi nèi hěn liúxíng.
꾸어챠오 챠안피인 씨엔짜이 짜이 취엔꾸어 ⓕ아안웨이 네이 흐언 리어우씨잉.

중국풍 트렌드 제품이 요즘 전국적으로 유행하고 있어요.

라이브 스몰톡

빈칸의 한국어를 중국어로 바꾸면서 직접 말해보세요.

MP3 바로듣기

나

①춘절 假期你回自己的国家吗?
① ______ jiàqī nǐ huí zìjǐ de guójiā ma?
춘절 연휴에 너는 너희 나라로 돌아가?

외국인 친구

不回去，我打算留在北京旅游。
Bù huíqu, wǒ dǎsuan liúzài Běijīng lǚyóu.
안 가. 나는 베이징에 남아서 여행할 계획이야.

나

好主意!
Hǎo zhǔyi!
좋은 생각이네!

你一定要去 ②자금성 和 ③만리장성，体验中国的 ④문화。
Nǐ yídìng yào qù ② ______ hé ③ ______, tǐyàn Zhōngguó de ④ ______.
자금성과 만리장성에 꼭 가서 중국의 문화를 경험해 봐.

외국인 친구

好的，我已经开始期待了。
Hǎode, wǒ yǐjīng kāishǐ qīdài le.
응. 벌써부터 기대돼.

정답 | ① 春节(Chūnjié) ② 故宫(Gùgōng) ③ 长城(Chángchéng) ④ 文化(wénhuà)

단어 | 假期 jiàqī 명 휴가 기간 体验 tǐyàn 동 몸소 경험하다 主意 zhǔyi 명 생각 期待 qīdài 동 기대하다

색인

Y

해커스 중국어 첫걸음 단어장

초판 1쇄 발행 2026년 1월 5일

지은이	해커스 어학연구소
펴낸곳	㈜해커스 어학연구소
펴낸이	해커스 어학연구소 출판팀
주소	서울특별시 서초구 강남대로61길 23 ㈜해커스 어학연구소
고객센터	02-537-5000
교재 관련 문의	publishing@hackers.com 해커스중국어 사이트(china.Hackers.com) 교재 Q&A 게시판
동영상강의	china.Hackers.com
ISBN	978-89-6542-685-1 (13720)
Serial Number	01-01-01